JN026370

ブランドストーリーは原風景からつくる

細谷正人

MASATO HOSOYA

日経BP

# はじめに

「人間は必然的にそれぞれの"原風景"をもっている。それは殆ど自己形成空間、環境による先天的なものである。」(奥野健男著『文学における原風景―原っぱ・洞窟の幻想』集英社)

　私は、数年前の出来事であるはずの「Amazon」での初回購入の時のこと、すなわち"マイ・ファースト・アマゾン"を全く記憶していない。私がAmazonというブランドに愛着があるかと聞かれたら、「愛着というよりも便利だから…」と答えるだろう。自分のことについて多くを語らずに、いつも買っている"あれ"に導いてくれる優秀なサービスだからだ。注文した次の日には、玄関前までその商品が届き、スーパーやドラッグストアに行く機会は格段に減った。何も考えずにルーティンとして購入できてしまう商品は、重い荷物を持つなどの体力的な苦労をすることなく、手元にあるパソコンやスマートフォン上で買えてしまう。

　しかし一方で、"マイ・ファースト・ソニー"ははっきりと記憶している。約35年前の話である。私の"マイ・ファースト・ソニー"は小学校の高学年だった。歳の離れた従姉妹は、東京都墨田区に住み、日本橋にある髙島屋に勤めていた。当時は1980年代ということもありバブル絶頂期。親戚の間でも一番の高給取りだった彼女の部屋は、ブランド品の洋服やバッグでびっしりと埋まっていた。当時のキャリアウーマンらしいロングヘアのスタイルで、真っ赤なスカイラインの新車に乗っていたことを覚えている。

　彼女は、私のことをとても可愛がってくれていた。ある日、自動車販売をしていた父のところにやってきた。父が車購入の手助けをしたこともあり、私の家のある埼玉まで訪ねてきた。その時、彼女は、私が音楽が大好きだっ

たのをよく知っていて誕生日プレゼントを渡してくれた。髙島屋の薔薇の包装紙の中に入っていたプレゼントは、当時話題になっていたソニーのウォークマンだった。跳び上がるほど嬉しかった。しかし、なぜか色はシルバーピンク。「あっ、ピンク色か…」と、思春期になりかけていた少年としては、ちょっと落胆したことを覚えている。今思えば、その色の選択は彼女らしいセンスだった。真っ赤なスカイラインに乗る彼女が選ぶ、シルバーピンクのウォークマン。

そのウォークマンはとても薄型でカセットテープよりも一回り大きい程度。私はピンク色だったことに対する落胆よりもウォークマンを手にすることができたという喜びのほうが大きかったのを覚えている。当時小学生のお小遣いやお年玉では到底買うことのできない高価な製品だったからだ。

このコンパクトなサイズでカセットテープの音楽が聴けるのかと両親も感心していたのをよく覚えている。それから私は、嬉しくて家の中にいる時でもヘッドホンをして、リビングでも、布団の中でも、好きな音楽を聴いていた。余談だが、よく聴いていたカセットテープは両親が録音していたFMラジオ番組の「ジェットストリーム」。小学校の高学年なのに、MC城達也の有名なフレーズ"遠い地平線が消えて、深々とした夜の闇に心を休める時…"をすらすらと言えるような、一風変わった少年だった。これが、ソニーのウォークマンに対する私の自伝的記憶（Autobiographical memory）である。

自伝的記憶とは、「自分自身の人生における出来事に関する個人的記憶」（Baumgartner, Sujan, and Bettman, 1992）とされている。

前著『Brand STORY Design ブランドストーリーの創り方』（日経BP）では、ブランドの礎と柱に分けてブランドストーリーのつくり方について論じた。本書では、さらにそれらを深化させ、強いブランドストーリーは一体どこを起点に創出すべきなのかを論じたいと思う。もう一つは、日本では企業

ブランドの長期育成に成功する企業は多く存在している一方、製品ブランドの長期育成に課題を抱えている企業は多いと言われている。また、デジタルチャネル、PB（プライベートブランド）の台頭の結果、価格競争が激化し、さまざまな産業で、コモディティ化が進行している。さらに新型コロナウイルス感染症の影響で不測の事態が起きるなど、多くの企業にとって長期的なブランド・エクイティの構築が重要となっている。

　2章で取り上げるブランド論者の一人であるKellerは、ブランド・エクイティ構築を行うためには、ブランド認知を高めブランド・イメージを向上させることが必要であるという。しかし、デジタル化が加速し情報過多の環境下で、消費者のブランド認知を高め、ブランド・イメージを向上させることはそう簡単なことではない。強いブランドを素早く、創造することは困難な現状である。

　ブランド・イメージなどの定量調査、フォーカスグループインタビューや訪問調査などの定性調査、ロングセラー・ブランドにおけるデザイン戦略やコミュニケーション戦略などを通して感じていた私の問題意識から、消費者の自伝的記憶がブランドの長期育成に与える影響についての研究が2016年から始まった。

　物性的価値による差別性だけではなく、情緒的な記憶や空間的な記憶などの自伝的記憶が、現在のブランド選択や購買行動にどのように影響を与えているのかに注目していた私は、ブランドにおける"原風景"の出発点として、実務の中から消費者の個人的な幼少期の記憶や青年期の記憶の探索がブランドを選ぶ理由になるケースが多いという仮説を持っていた。特にロングセラー化しているブランドは、消費者インサイト調査を行うと必ずと言ってよいほど、幼少期や青年期に、家族や友人など何かしらの外部影響による接点が存在し、それらの長期的な記憶がブランド選択に大きく関与していることを実感していたからだ。

さらに本書では、2018年4月から2020年10月までの間に「日経クロストレンド」で計33回の連載を行った事例のうち、9つを取り上げて、6章で紹介する。それらのブランディング施策の本質的な意味を読み解いていきたいと思う。

　本書の流れとして、1章では"原風景"に焦点を当てる理由と、日本ブランドの長期育成の現状とブランド・エクイティの変化について説明している。2章ではブランド研究の視点からブランドの長期育成を目指したブランドストーリーの重要性、ブランド・エクイティとブランド知識について述べる。3章では記憶研究の視点から自伝的記憶を考察し、脳科学や文化人類学にも発展させて論じたいと思う。

　4章では、自伝的記憶に関する独自のインタビュー調査とその結果について説明し、5章では本書の概念モデルを提示したい。6章では、具体的な9つのブランディング事例を3つの自伝的記憶に分けて解説する。そして7章では、フランスを拠点に活動されている建築家の田根剛氏と、英国のクリエイティブチームTOMATOの長谷川踏太氏のお二人方との"記憶から、未来をつくる"の対談をお届けする。

　本書の目的は、複雑化し続けるチャネル構造の中で、ブランドの長期育成を効果的に行うための具体的なアプローチとして、消費者の自伝的記憶が購買行動にどのように影響するのかを考察し、そのメカニズムを検討することである。それでは、皆さんと共に、ブランドと人生における記憶の旅に出たいと思う。

# 目次

# 1章　ブランドにおける原風景

# 1-1　原風景とは何か


　本書は、1972年に出版された奥野健男著『文学における原風景―原っぱ・洞窟の幻想』（集英社）から出発したい。

　特に建築界の中で名著とされる一冊で、著者が言う“原風景”とは“原っぱ”のことを表している。奥野はこの著書の中で文学者の作品には、イメージやモチーフを支える土台として自己形成空間が色濃く投影されていると論じている。それは、文学においてどのような意味を持つのかという視点で、文学そのものを総合的に捉えるために“原風景”を解析している。島崎藤村の信州馬籠の宿、太宰治の津軽、井上靖の伊豆湯ヶ島、大江健三郎の愛媛の山中などのように、文学の軽やかなモチーフとも言うべき、どれも鮮烈で奥深い“原風景”を持っていると述べている。単に旅行者が眺める風土や風景ではなく、自己形成とからみあい、作家の血肉化した深層意識とも言うべき風景である。そして私たち読者は、その土地を知らなくとも自分の中にある風景を重ね合わせ、その情景をイメージしながら文学を読み進めている。

　“原風景”は奥野によって言われ、その後定着した言葉である。“懐かしい風景”や“ノスタルジー”といった文脈においても使われている。『大辞林』では“原風景”とは「原体験から生ずる様々なイメージのうち、風景の形をとっているもの。変化する以前の懐しい風景。」とされている。しかしながら奥野が『文学における原風景―原っぱ・洞窟の幻想』で述べた“原風景”の意味は即物的ではないことが分かる。

　この長編評論では、東京・山の手の都会育ちである奥野自身の“原風景”（自己形成空間）として子供の頃を振り返ると、“原っぱ”と“隅っこ”の2つが浮かび上がってくるという。“原っぱ”と“隅っこ”は、タイムトンネルのように狩猟採集の縄文時代に遡ったり、近未来の都市にイメージを広げ

たりしながら、子供の妄想の中でまるで SF 映画ぞのように繰り広げられるイマジネーションが掻き立てられていた場所である。その場所を"原風景"として、奥野が日本文化と文芸の本質を探っていることが興味深い。奥野は作家固有の自己形成空間としての"原風景"が存在していることに触れており、このような文学の母胎でもある"原風景"は、その作家の幼少期と思春期で形成されていると語っている。後の 3 章でも論じるが、記憶研究においても、まさしく"原風景"は個人の自伝的な記憶として主に幼少期から思春期にかけて形成されると言われている。奥野の本の中では、"原っぱ"の風景をこのように表現している。

> おたまじゃくしや小魚すくい、池に石や泥を投げ込む。蟻やもぐらの巣を掘り返す、石をひっくりかえし、その下にいるゲジゲジなどの虫をおそれおののきながら殺す。
> （奥野健男著『文学における原風景—原っぱ・洞窟の幻想』集英社から抜粋）

これは1930年頃の"原っぱ"なので、現代は大きく異なる。もしかすると、今の20代や10代には"原っぱ"そのものの記憶や体験がない人もいるかもしれない。

奥野がいう"原風景"は"原っぱ"である。"原っぱ"は自己形成空間であるとしている。ではこれからの私たちにとって、その"原っぱ"とは、一体どこに存在するのだろうか？ LINE や Twitter などの SNS もしくはショッピングモールやコンビなのか。もしくは、現代の"原っぱ"は全く異なるものへと変貌してしまったのであろうか。

> 文学者は、—さらに人間は必然的にそれぞれの"原風景"をもっている。それは殆ど自己形成空間、環境による先天的なものである。文学、芸術は、その"原風景"から逃れることはできぬ。反逆しても"原風

景"は裏側から影響し、復讐して来る。しかしその"原風景"をどのように認識するか、理解するか。そして自己の"原風景"を、現実とどのようにあいわたらせるか、かかわりあわせるか、現実の中に、自己の中に生かし得るか、その可否によって、その人の芸術、文学の成立の可否が、作品の価値が決定されるのである。そしてここに未来の文学、芸術の可能性が賭けられているのである。

（奥野健男著『文学における原風景─原っぱ・洞窟の幻想』集英社から抜粋）


　文学と同様にブランドも生活者の自己形成とからみあい、血肉化した深層意識とも言うべき"原っぱ"のような風景を、読み手である生活者の脳内につくり出すことができるのではないか。さらに"ブランドストーリー"は奥野の言う文学の中にある"原風景"のように、生活者の自己形成とからみあうことができるのではないか。そして、その中にブランドの可能性が賭けられているのではないかという３つの問いを本書では検証していきたい。


　これからデジタルが加速し、生活者との接点が無限に拡張され、有形価値だけでなく、無形価値も同時に提供されていく中で、ブランドにおける"原っぱ"とは一体どこにあるのだろうか。私たちがその未来の"原っぱ"を探しだすことができ、そしてそれらを、太宰治の"津軽"のように、ブランド・エクイティとして描くことができれば、消費者におけるブランドの長期育成を可能にするのではないかという考えを私は持っている。

# 1-2　原風景に焦点を当てる理由


　ブランドにおける"原風景"に焦点を当てる理由は2つある。

　第1は、デジタルでの接点が増加し情報過多である現在、ブランドの長期育成に貢献できるブランド再生や再認を行うための根源的な要素とは何かを明らかにしたいからだ。そして第2は、企業や製品ブランドにおける視覚化されたブランド・アイデンティファイアなどのブランド要素がどのように生活者の自己形成に働きかけ、記憶の再生・再認を促していくのかというメカニズムを解明したいからである。なぜなら、ブランド認知やブランド・イメージの向上、ブランド愛着の醸成は、デジタルが加速しても普遍的であり持続的なブランド・エクイティの構築につながるからだ。

　DX（デジタル・トランスフォーメーション）時代の到来で言われているよう、今後はデジタルデバイスを通じてデータが共有化され、生活者の個人的な記憶は画像や映像などでアーカイブ化できるだろう。AI（人工知能）によって解析された生活者の"原風景"を活用することで、未来における人の行動変容の予測が今以上に精度が高くなる。そうすれば、個人的な記憶を活用したブランド戦略の立案に生かすことができる。

　3章でもより詳しく説明するが、記憶における先行研究では自伝的記憶とは、「自分自身の人生における出来事に関する個人的記憶」（Baumgartner, Sujan, and Bettman, 1992）とされており、それは、必ずしも事実に基づいた印象的な個人的記憶だけではなく、概括的な記憶であることが多く、またその記憶は主観的に塗り替えられてしまうこともある。むしろ曖昧な記憶でその個人的な記憶が何度も反復されることで、次第に自己の中で無意識的に自伝的記憶として遅効的に生成されていく。もし、奥野が言うように"原風

景"が文学や芸術の価値を決定するのであれば、自伝的記憶の生成とブランド・エクイティにもつながる。ブランドの長期育成を行う上で大きなテーマとなり得る。

　続いて、4章で説明する独自調査の結果では、ブランドの長期育成に有効な影響を与える自伝的記憶は、複数の類似の経験から構成された概括的な記憶であることが多く、必ずしも1回の経験に基づく鮮明な個人的記憶が必要ではないことが分かった。従来、ブランドのオーナーはインパクトのある広告や売場づくりによって、生活者に対して衝撃的な記憶をつくることでブランド認知を向上し、ブランド理解もさせようとしてきた。また、広告制作に携わる人の中には認知率を獲得するために、インパクトのあるメッセージで生活者の記憶に残る必要がある、とまだ言い続けている人もいるかもしれない。しかし、それらは誤解である。生活者の消費行動プロセスは、自伝的記憶を有効活用することで今よりも良い認知のサイクルを生み出す可能性を秘めている。

　2014年に前著『Brand STORY Design ブランドストーリーの創り方』（日経BP）を出版した後、次第にブランドにおけるストーリー戦略や物語戦略の重要性について注目されるようになった。その理由としては、ストーリー戦略は消費者に対してブランドを理解させ、購入させ、愛着を持ち続けてもらうことが可能な好循環を構築できるという期待感が高まったからだと私は捉えている。しかし、残念ながらブランドにおけるストーリー戦略や物語戦略は、結局のところ何をすべきなのかが曖昧で、実践しにくいものが多いのも事実だった。またブランド・ロイヤルティーやブランドの長期育成への関係性も抽象的であった。ブランドストーリーは、人の記憶の中につくられるブランドの有形無形の総和による総合的なものであるため、明確にそれらを攫みきることが困難なのではないかと考える。本書では、ブランドストーリーを考えるための、その入り口を明らかにしたい。

# 1-3 日本ブランドの長期育成

　実は、日本には老舗と呼ばれる長期存続企業が多く存在する。ここからは日本ブランドの優位性である長期ブランドの現状について話をしたい。

　日経BPコンサルティングが創業100年以上と200年以上の企業数を国別に調査した「世界の長寿企業ランキング」によると、共に日本が1位である。ついで、米国、スウェーデン、ドイツと続く。その比率は世界の50％程度を日本が有しており圧倒的である。また100年企業を業種別に見ると、最も多いのは製造業。ついで2位が小売業、3位が卸業である。しかしサービス業など全体比率から見ると100年企業の比率が低いものもある（18ページ図表1）。
　また帝国データバンクが2019年に行った調査によれば、創業から100年を超える老舗企業は3万5259社存在し、日本の企業全体の2.27％に上るという。一方で、個別の製品ブランドに関しては、企業ブランドと製品ブランドが合致しているものが多く、製品ブランドによる個別ブランドの長期育成の事例は欧米に比べて少ない。

　その理由は主として2つあると考えられる。第1に、高度経済成長下において多くの日本企業では技術力や営業力だけで十分な事業拡大が可能であり、製品ブランド構築に対する関心が培われにくい状況にあったためである。第2に、日本では同族企業で創業者がブランドを育成する役割を果たすケースも多く、ブランドを育成する専門的な能力を有する人材が育つ環境が成熟しにくかった可能性が考えられるためである。

　図表2（20ページ参照）は日本における代表的なロングセラー・ブランドのリストであり、企業名と製品ブランドを記述している。例えば、最も古い

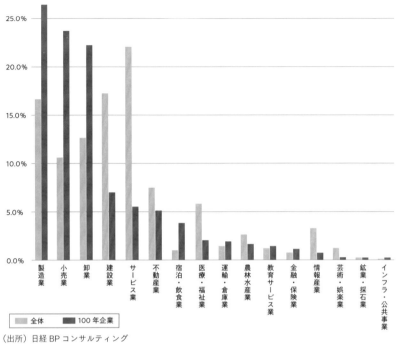

図表 1　創業 100 年以上業種別比率

25.0%

20.0%

15.0%

10.0%

5.0%

0.0%

製造業　小売業　卸業　建設業　サービス業　不動産業　宿泊・飲食業　医療・福祉業　運輸・倉庫業　農林水産業　教育サービス業　金融・保険業　情報産業　芸術・娯楽業　鉱業・採石業　インフラ・公共事業

全体　100 年企業

（出所）日経 BP コンサルティング

製品ブランドとして、養命酒製造の「養命酒」が挙げられる。発売年は1602年で、約420年にわたる長寿ブランドである。羊羹の「虎屋」は室町時代後期に京都で創業され後陽成天皇 (1586年〜1611年) の在位中から御所の御用を承っていた。しかし「虎屋」は企業ブランドであり、製品ブランドとは同一ではないのでこのリストから除外している。その他のブランドを見ると、ロングセラー・ブランドの多くは製品ブランドと企業名が合致している。また、ロングセラーになるのは、技術革新が必要とされる耐久消費財ではなく、ほとんどが食品・飲料・日用雑貨などの非耐久消費財である。唯一、医薬品だけは例外と言える。

次に、清涼飲料、調味料、日用品・トイレタリーの３つの製品カテゴリーで日本と海外のロングセラー・ブランドの発売年の比較を行った結果が図表３（21ページ参照）である。まず、清涼飲料分野で日本最古のブランドは1907年に発売された「三ツ矢サイダー」である。一方、グローバルにはドイツの「シュウェップス」が1783年、アメリカの「コカ・コーラ」は1886年、「ペプシコーラ」は1893年に発売されている。

　さらに、調味料分野で日本ブランドとして最も古いのは「カゴメトマトケチャップ」であり、1908年の発売である。一方、アメリカでは1868年に「タバスコ」が発売されている。日用品・トイレタリー分野においても、常にアメリカの製品ブランドが先行する傾向がある。石鹸も歯磨き粉も、アメリカで発売されてから、10年〜20年の後に日本ブランドが追随している。このように、非耐久消費財に関しては、日本も海外のロングセラー・ブランドにはやや後れを取るものの、必ずしも製品ブランドの育成に失敗しているわけではない。

　日本にロングセラー・ブランドが数多く存在する理由として、ブランド・アイデンティファイアの起源である日本独特の“のれん”というツールは有力であった。ブランドの起源として有名な逸話は牛を識別するための焼印とされている。しかし欧州や中国でも見ることのない、日本特集の布看板である“のれん”もその起源の一つであると考えることができる。

　なぜなら、“のれん”の発祥は定かではないが、一番古く“のれん”の存在が確認されているのが平安時代（794年〜1185年）だからである。４大絵巻物の一つで、1951年に国宝に指定されている庶民の生活を描いた平安時代末期の絵巻物『信貴山縁起絵巻』の中に、部屋を仕切ったり雨風を防ぐためにかけられた“のれん”が描かれている（22ページの写真１）。

　そして現代につながる使い方へと変化し始めたのが室町時代（1336年〜

図表2　日本におけるロングセラー・ブランドの一例

| 発売 | 現ブランド名 | 現社名 | ジャンル | 分野 |
|---|---|---|---|---|
| 1602 | 養命酒 | 養命酒製造株式会社 | 滋養強壮剤 | 医薬品 |
| 1747 | 白鶴 | 白鶴酒造株式会社 | 日本酒 | アルコール飲料 |
| 1804 | ミツカン酢 | 株式会社 Mizkan Holdings | 酢 | 調味料 |
| 1871 | 龍角散 | 株式会社龍角散 | のど薬 | 医薬品 |
| 1879 | 太田胃散 | 株式会社太田胃散 | 胃薬 | 医薬品 |
| 1884 | 大関 | 大関株式会社 | 日本酒 | アルコール飲料 |
| 1890 | 花王石鹸 | 花王株式会社 | 石鹸 | トイレタリー |
| 1899 | 森永ミルクキャラメル | 森永製菓株式会社 | キャラメル | 菓子 |
| 1900 | 福助足袋 | 福助株式会社 | 足袋 | アパレル |
| 1900 | 文明堂カステラ | 株式会社文明堂総本店 | カステラ | 菓子 |
| 1902 | 金鳥の渦巻き | 大日本除虫菊株式会社 | 蚊取り線香 | 日用品 |
| 1906 | シッカロール | 和光堂株式会社 | パウダー | トイレタリー |
| 1907 | 三ツ矢サイダー | アサヒ飲料株式会社 | 清涼飲料 | 飲料 |
| 1907 | 亀の子束子 | 株式会社亀の子束子西尾商店 | たわし | 日用品 |
| 1908 | カゴメトマトケチャップ | カゴメ株式会社 | ケチャップ | 調味料 |
| 1908 | サクマ式ドロップ | 佐久間製菓株式会社 | 飴 | 菓子 |
| 1909 | 味の素 | 味の素株式会社 | うま味調味料 | 調味料 |
| 1917 | キッコーマンしょうゆ | キッコーマン株式会社 | 醤油 | 食品 |
| 1918 | 森永ミルクチョコレート | 森永製菓株式会社 | チョコレート | 菓子 |
| 1918 | 玉露園こんぶ茶 | 玉露園食品工業株式会社 | こんぶ茶 | 食品 |
| 1919 | カルピス | アサヒ飲料株式会社 | 清涼飲料 | 飲料 |
| 1920 | 桃屋の花らっきょう | 株式会社桃屋 | 漬物 | 食品 |
| 1926 | グリコ | 江崎グリコ株式会社 | キャラメル | 菓子 |
| 1922 | オーバンド | 株式会社共和 | 輪ゴム | 文具 |
| 1923 | キユーピーマヨネーズ | キユーピー株式会社 | マヨネーズ | 調味料 |
| 1926 | 明治ミルクチョコレート | ブルドッグソース株式会社 | ソース | 菓子 |
| 1926 | ブルドックソース | 株式会社明治 | チョコレート | 調味料 |
| 1927 | トンボ鉛筆 | 株式会社トンボ鉛筆 | 鉛筆 | 文具 |
| 1928 | 牛乳石鹸 | 牛乳石鹸共進株式会社 | 石鹸 | トイレタリー |

（出所）筆者作成

## 図表 3　日本と海外のロングセラー・ブランドの発売年の比較

(1) 清涼飲料

| 発祥国 | 発売年 | 現ブランド名 | 現社名 |
|---|---|---|---|
| ドイツ | 1783 | シュウェップス | Dr Pepper Snapple Group Inc. |
| アメリカ | 1886 | コカ・コーラ | The Coca-Cola Company |
| アメリカ | 1893 | ペプシコーラ | PepsiCo、Inc |
| 日本 | 1907 | 三ツ矢サイダー | アサヒ飲料株式会社 |
| 日本 | 1919 | カルピス | アサヒ飲料株式会社 |
| 日本 | 1935 | ヤクルト | 株式会社ヤクルト本社 |

(2) 調味料

| 発祥国 | 発売年 | 現ブランド名 | 現社名 |
|---|---|---|---|
| アメリカ | 1868 | タバスコ | McIlhenny Company |
| アメリカ | 1876 | ハインツトマトケチャップ | The Kraft Heinz Company |
| 日本 | 1908 | カゴメトマトケチャップ | カゴメ株式会社 |
| 日本 | 1909 | 味の素 | 味の素株式会社 |
| アメリカ | 1913 | ベストフーズマヨネーズ | Unilever PLC |
| 日本 | 1925 | キユーピーマヨネーズ | キユーピー株式会社 |

(3) 日用品・トイレタリー

| 発祥国 | 発売年 | 現ブランド名 | 現社名 |
|---|---|---|---|
| アメリカ | 1873 | コルゲート ( 歯磨き粉 ) | The Colgate-Palmolive Company |
| アメリカ | 1879 | アイボリー ( 石鹸 ) | The Procter & Gamble Company |
| 日本 | 1890 | 花王石鹸 | 花王株式会社 |
| 日本 | 1896 | ライオン歯磨 | ライオン株式会社 |
| アメリカ | 1961 | ヘッドアンドショルダー ( シャンプー ) | The Procter & Gamble Company |
| 日本 | 1970 | メリット | 花王株式会社 |

（出所）筆者作成

1573年）であった。これは染色技法として染め抜きが可能になった影響が高いとされている。その結果、庶民の日用品から店のディスプレイとして活用する商売道具へと進化した。当時は識字率が高くなかったため屋号や家紋などの図形化されたものが描かれ、江戸時代（1603年〜1868年）以降、識字率の向上によって"のれん"に文字などが染め抜かれるようになった。特に寛永〜延宝時代（1624年〜1681年）には看板や広告媒体としての役割を"のれん"が果たすようになったと言われている。

写真1 「信貴山縁起絵巻 尼公の巻」より

（写真協力／信貴山 朝護孫子寺、提供／奈良国立博物館、撮影／佐々木 香輔）

　また、"のれん"の色の使い分けについては伝統的に業種によってデザインルールが決まっていたという。例えば手堅さを重んじるような商家は紺色や藍色、菓子屋や薬屋は白色、かちん染めと呼ばれる技術から生まれる柿色は最高位の遊女屋や揚屋（高級料亭）だけに許された色だった。今でも「のれんを守る」「のれんを分ける」などの言葉が存在するように、日本は信頼の証しとして屋号や家紋を大切にしてきた。このように"のれん"という道具を検証することで、日本では独特な手法で、古くからブランドの長期育成のための戦略を深めてきたことが分かる。

# 1-4　ブランド・エクイティの変化

　ここでは、ブランディング実務に直結する話をしたい。

　本書は、「日経クロストレンド」で計33回、約2年半の連載を行ってきた「C2C時代のブランディングデザイン」（2018年4月～2020年10月）の内容を含んでいる。さまざまな業界を超えて生活者との新しい共創を実践しているブランディングの最新事例を紹介してきた。AIやIoTなどが加速し本格的にデジタル時代へと突入する中で、今一度ブランドにおける人と愛着の変化について考えてみたいという想いからこの連載が始まった。そして、2年半連載を続けている最中に、世界的な新型コロナウイルスによる混乱が発生し、ほんの数カ月で私たちの生活は本格的にデジタルシフトしてしまった。

　本書を手に取っていただいた皆さまの中には、ブランド・マネジメントやそのデザイン、新規事業開発などさまざまな業務を行う方もいらっしゃるだろう。近々で言えば課題が複雑化し、デジタル化も急激に進み、一体何から手を付けてどのような手順で解決していけばいいのか、日々の業務の中で戸惑うことが増えているのではないだろうか。

　ブランド戦略で言えば、組織編成や人材育成、ブランド理念、ブランド戦略の構築プロセス、その施策となる製品開発やデザインの決め方、デジタルだけでなくリアルチャネル戦略にも関連するUX（ユーザーエクスペリエンス）、CX（カスタマーエクスペリエンス）という視点での新しい生活者との接点のつくり方など、やるべきことは多岐にわたり、頭を抱えている方も少なくないと思う。

　私が日本企業だけでなく、グローバル企業におけるブランド戦略の進め方

やブランド体制、ブランド管理の手法など幅広くその事例に携わってきた視点で言えば、日本の企業組織は過去の成功体験による方法論者の考えがいまだに強く、それが足かせになっている。それらが根強い企業文化として定着し、その結果ブランドに対する意識が暗黙知化されてしまっている。

　また、前項で述べたように日本企業は同じ業界で同じ事業を何十年、何百年も続けてきたからこそ100年を超える老舗企業が約3万5000社存在する。これはブランドの長期育成にとっては良いことであるが、逆に革新が生まれてこない原因にもなる。また日本にはこれだけ長寿企業が多くあるにもかかわらず、欧州に存在する伝統的で職人魂を守り抜いているエルメスやメルセデスのようなパワーブランド、またLVMHやリシュモンなどの利益率の高いプレステージビジネスを数多く保有するコングロマリット的なブランドホルダーは少ない。果たして日本ブランドの中で、世界で通用するブランドをいくつ挙げられるだろうか。これは単一的な意識と文化の中でブランドづくりを良しとしてきた"暗黙知"が原因である。

　つまり、"のれんを守る"という意味合いが、世界で戦えるブランド・マネジメントのガラパゴス化を生んでしまっているのかもしれない。老舗ブランドに必要なことは伝統と革新と言われているが、一般的には"伝統"が勝ることのほうが多いのが現状だ。なぜ、企業ではブランドの"革新"ができないのか、そのブランドの"暗黙知"が存在する理由は2つある。

　日本企業におけるブランドの長期育成の理由でも述べたが、1つ目は、技術力や営業力だけで事業拡大が可能な経済状況であったため、高度経済成長や、バブル時代など勢いで成長することができた経験がいまだ残像となり、ブランド戦略は営業力強化のツールであるという"暗黙知"がまだ残っていること。

　2つ目は、日本では同族企業で創業者がブランドを育成する役割を果たす

ケースも多く、ブランドを育成する専門的な能力を有する人材が育つ環境を
つくりにくかったこと。チームによるブランド・マネジメントではなく、カ
リスマの能力であることによる属人化した"暗黙知"が存在しているからだ。

　過去の成功体験やカリスマによるブランド・マネジメントは終焉を迎えな
ければならない。日本企業がさらにスピードを上げ、競争力のあるブラン
ド・マネジメントを行うためには、決して属人化させずに社内外で共有でき
る"形式知"へと変化させ、その後チームで共有化するための"暗黙知"に
戻すことが必要である（図表4）。

**図表4 ブランディングの能力と方法**

| ブランディングの能力 | ブランディングの方法 |
| --- | --- |
| 誰 が 考 え る の か | チーム ⟷ カリスマ |
| 何 が ド ラ イ バ ー に な る の か | 情 緒 性 ⟷ 機 能 性 |
| ク リ エ イ テ ィ ブ の 理 解 度 | ビ ジ ョ ン ⟷ 色 ・ 形 ・ 質 感 |
| ユ ー ザ ー へ の ア プ ロ ー チ | 探 索 ⟷ 検 証 |
| 戦 略 の 持 続 性 | ジ ェ ネ ラ リ ス ト ⟷ ス ペ シ ャ リ ス ト |

（出所）筆者作成

　また一方で、近年取り上げられている"ブランド"という言葉の定義も曖
昧になっている。昨今やたらと"ブランド"という言葉が乱用され、意味の
解釈そのものが多様化している。併せて、ブランド・エクイティとつながる
ブランド認知やイメージの議論は客観視しにくく、企業内組織の意識をまと
めていくことに苦労されている方も多いだろう。このようなことから、ブラ
ンド・エクイティの変化として基本的な2つの問題があると考えている。そ
れは、ブランディングの乱用と、いわゆるSTPの複雑化である。

　1つ目のブランディングの乱用であるが、この数年で、特にブランディン
グの意味合いが変化している。ブランド活動であるブランディングの意味合

いを整理すると、図表5のように表せる。

　狭義のブランディングにはブランド・アイデンティファイアであるネーミング、ロゴ、UI（ユーザーインターフェース）など視覚を中心とした要素、広義のブランディングにはUXやCXのようなユーザー体験におけるプロセスの提供がある。経営のブランディングとしては、循環型のビジネスモデル構築やイノベーション開発などの価値創造に向けた活動が求められ、社会のブランディングは、社会的責任を明確にした持続可能な活動である。

**図表5　ブランディングの意味の変化**

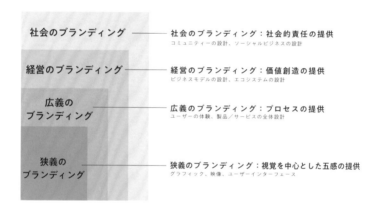

（出所）経済産業省「第4次産業革命　クリエイティブ研究会」報告書を基に筆者加筆

　ブランディングを定義するならば、「自らのブランド価値を再発見し、それらを生活者の価値へと変換し、最終的に生活者の愛着（ロイヤルティー）を高めていく活動」と言える。図表5のように今後、"ブランディング"がさまざまな課題に幅広く貢献できることは明らかだ。ただ、最も大切なことは"ブランディング"がどのような意味合いで、どの範囲を示しているものなのかを各自が理解し、企業組織の中で今一度確認し合うことだ。なぜならこの4

つの範囲のブランディングは密接に連携し合っているが、狭義のブランディングと社会のブランディングは、時間軸や評価指標が異なっているからだ。

　2つ目の課題はSTPの複雑化である。そもそも生活者視点でブランドを具現化するには、市場の細分化（セグメンテーション：S）をして、ターゲットを明確（ターゲティング：T）にし、競争優位性のある立ち位置（ポジショニング：P）を設定する必要がある。しかし、社会のブランディングとなれば、もはやどこからどこまでが競合なのか、そのセグメントすら見えにくくなる。また、それは生活者も同様である。社会のブランディングに共感する生活者と、広義のブランディングとして利便性や操作性などのUXやUIに共感する生活者は異なる意識を持っている。UXが悪くても社会活動に共感する生活者もいれば、たとえ社会貢献を感じなくても圧倒的な利便性に共感する生活者も存在するからだ。

　生活者のブランドへの愛着がどこで醸成されるのかが重要なのではない。4つのブランディングを総合的に鑑みた結果、有形無形の総和によってブランド・エクイティが醸成されるというのが正しい説明だろう。そうなると、持続可能な環境配慮のブランドを強化するのか、生活者の利便性を追求するブランドなのかという相反する可能性のある価値設定を、一つのブランド内でどう折り合いをつけるのかが必要である。そのためには、その優先度が重要になってくる。

　愛着を醸成し続けているブランディング活動は、常に生活者の欲求への理解を深め、半歩先に必要な価値を提供し続けている。そのためには、ブランドの"前後左右"を見つめて活動をする必要がある。ブランドの"前後左右"については、前著『Brand STORY Design』（日経BP）の中で、原風景と遅効性、深い学びの3点をブランドストーリーの礎として注目してきた。

　瞬発的に上昇させたフォロワー数、コンバージョン率などの指標は、認知

や好意、理解の度合いを把握するための目安にはなるもののブランドへの愛着を図るという観点では決定打に欠ける。つまり数値での論理だけではなく、無形価値をどのように創造、継続、検証し、最終的に形式知に変化させ、社内で共有化することができるかがブランド・エクイティへの鍵となる。そのためにはブランドのまわりに点在する時間軸や事柄を俯瞰（ふかん）することが大切である。

　フレームワークを用いたブランド戦略だけでは独自性は生まれ続けない。さらに机上でつくられたブランドは生活者の気持ちを動かさない。誰もがネットで検索し、正しい情報を探し出すことができるため、生活者はいつでもブランドの真実を手に入れることが可能になってしまったからだ。狭義のブランディングによって表面的に課題を解決したとしても、真実を知る生活者から見れば本質的な価値は何も変化していないことになる。むしろ表面的な解決は、ブランドに対するネガティブなイメージを抱かせてしまう。

　これからのブランドは、もはや嘘をつくことや誤魔化すこともできないと考えたほうが良い。それらは生活者同士だけでなくさまざまなステークホルダーによって常に厳しく監視されていると考えるべきだ。愛着はつまるところ"信頼"である。さらに、その信頼のあるブランドが誠実で幸せに満ち、ほんの少しだけユニークな豊かさがあり、未来に活力を与え続けている存在であるならば、言うことはない。

## 1-5　人間的ふるまいの集合 ヒューマンスケール

　ブランドへの愛着を形成するためには、生活者とブランドの間に強い感情的な絆がつくられていることが必要だ。好意と信頼は極めて重要である。しかし、そのブランドが好きであるという好意を抱かせ、信頼を築き上げるためには、ある一定のブランドとしての素地が備わっていないといけない。ブランドへの愛着を得るためには自己にとって精神的に近い関係性を保ちながら、自分がそのブランドの何かから保護されているという安心感が必要である。

　それは誠実な嘘のない、まっとうなブランドとしての姿ではないか。そのゆるぎない人格を保持し、要望に応えたり、観客の様子を見ながら無意識的に心理的距離感を縮め、ブランド・エクイティが形成されていくのではないか。このような考え方を本書ではブランドにおける"ヒューマンスケール"と呼びたい。ヒューマンスケールは本来、建築で使われる用語である。その定義は文字通り人間的な尺度のことで、建築や外部空間など人間が活動するのにふさわしい空間のスケールのことを意味する。

　さらに自社の製品やサービスブランドを生活者に想起させるためには、ブランド・イメージは不可欠。中でもブランド・パーソナリティーは重要であると考える。ブランド・パーソナリティーに関する Aaker（1996）の定義を引用するなら「ある所定のブランドから連想される人間的特性の集合」となる。つまり、そのブランドを人格や生き方で例えるとどのような人で、その人格のふるまいはどのような言動、身なりなのかを考えることである。

　ブランド・エクイティを消費者に伝達するために、すべての接点でブラン

ド・パーソナリティーを通してブランド・エクイティを提供する必要がある。例えばマクドナルドやディズニーランドであれば、カウンターでスマイルを０円で売ることも、キャスト（スタッフ）がパーク内で子供の目線までしゃがみ込んで対話しているのも、すべてのキャストがブランド・パーソナリティーを理解した上で、行動やふるまいを変容させて、ブランドとしての提供価値を顧客に履行している証拠である。

　Aaker の言うように人間的特性の集合であるブランド・パーソナリティーは、最も重要な役割であることは間違いない。さらに、ブランド・パーソナリティーを遂行し、その結果、人間的ふるまいによる活動に変換された情緒的なベネフィットの集合要素であるヒューマンスケールに注目する必要がある。このようなブランド活動が、ブランド愛着につながる好意と信頼を得る可能性を高める。

　ここで、その“ひとけのある”情緒的なベネフィットの事例を紹介したい。１つ目は Amazon による物理的な接点をつくることによるヒューマンスケールである。ウェブやスマホだけでなく、「Amazon Echo」「Amazon Go」でリアルに体感できる接点を併せ持っている。実際、生活者の生活空間の中に複数のデバイスが存在することになる。Amazon の接点づくりはブランド・パーソナリティーの域を超え、そのデバイスに人間的ふるまいを感じる機能を付加させ、習慣化されるような状態を意図的につくっている。

　私の家では、朝コーヒーを淹れながらニュースやラジオを聞くために Amazon Echo がキッチンに置かれている。毎朝、「アレクサ！」と呼びかけることから１日が始まる。まさしく居住空間に、まるで私専属のバトラーのような “Amazon” をつくり出している。この例は、生活者に習慣的な行動を繰り返し行わせることで、Amazon への心理的距離を縮めようとしている（写真２）。

写真2　自宅のキッチンにある「Amazon Echo Dot」

写真3　「北欧、暮らしの道具店」のコンテンツ

　2つ目の「北欧、暮らしの道具店」という EC ブランドも、良い事例の一つだ。スタッフの丁寧な暮らしを具体的に伝達することで、生活者にとって身の丈を感じるヒューマンスケールが存在している（写真3）。

「北欧、暮らしの道具店」のInstagramでは100万近いフォロワーがおり、その他にもFacebookやYouTubeなども20万〜40万の「いいね！」数や登録数を獲得している（2020年8月時点）。ダイレクト検索とSNSを主軸としたチャネル戦略で、高頻度でリピートする女性顧客を獲得している。SNSを活用し、読者との強い関係性を保っている良い事例である。ブランドミッションは「フィットする暮らし、つくろう」。オーダーメイドなライフスタイルを求める顧客に対して、自分の物差しで"フィットしている"と思える暮らしづくりを目指している。

　「北欧、暮らしの道具店」は、多くの顧客から店舗と認識されており、決してECメディアと意識されないようなコミュニケーションを行っているのが特徴だ。具体的には、客観的に売るための情報発信ではなく店長やスタッフのおすすめなど、ECサイト内のスタッフが主観的かつ主体的な情報発信を実施している。商品説明やコラム、スタッフの家族写真、ムービーや新居の写真も公開しているなど、スタッフ自身の個性やリアルな考えをありのままに顧客に伝えている。まるで親友にたわいもないことを話しているかのように、嘘のないコンテンツによってスタッフたちの実生活や等身大の暮らしを垣間見ることができる。人間的ふるまいによる活動に変換されたヒューマンスケールによって根強いリピート客が生まれている。

　広告記事でもブランドの世界観を壊さずにスタッフの実体験等を活用した編集になっており、すべてが"フィットする暮らし"を目指して社員自らが実践している。ターゲットの設定も"私たち（社員やスタッフ）みたいな人"と設定しているのも非常にユニークだ。従来の年齢や収入などマーケティング的な属性で考えるのではなく、「北欧、暮らしの道具店」の価値観や世界観に共感する感性を持つ人を自分たちの顧客として設定している。社会のブランディングにつながるコミュニティーづくりに近い考え方がある。

Amazon のように、ブランド・パーソナリティーを超えて、物理的な接点を増やして生活者の行動変容を促す手法もあれば、「北欧、暮らしの道具店」のように、社員自らが納得し、具体的な行動で実践し、生活者に嘘のない本音を伝える手法もある。どちらも生活者の感情が揺れ動き、行動変容を促す手法である。このような活動による、好意や信頼を得るためのヒューマンスケールづくりがすでに始まっている。

　今後、ブランド・エクイティを高めていくためには、ブランド・パーソナリティーを定義するだけではなく、どうしたら生活者の感情に響き、深く考えてもらうことができるのか、その結果、どのような行動を変容させることができるのかを考えることが必要だ。今後デジタルを中心とした口コミやコミュニケーションが多様化すればするほど、ブランドは嘘がつけない時代へと変化する。新しいブランドづくりにとって、今後難しい局面に入ってきている。本書では、ブランドにおけるヒューマンスケールを「人間的ふるまいによる接点や活動を通して、真意が伝わり、心理的距離が縮まる要素」と定義したい。

　ブランドが時代における社会意識の変化に応じるものである以上、常にブランド・エクイティを更新し、生活者と新鮮な関係を結び続ける必要がある。その成果として、ブランドと消費者との時間の中に紡がれる自伝的記憶が生まれる。その記憶は一朝一夕にできるものでもなければ、誰かによって一方的に与えられるようなものでもない。

　狭義から広義、経営そして社会までのブランディングを反復しその大きな振動を、ブランド自身が生活者とともに試行錯誤しながら楽しむことができるかが試されているようにも思う。ブランド・エクイティに事業の大小は関係ない。"ブランドストーリーは原風景からつくる" とは、一体どういうことなのか。本書ではブランド研究だけでなく、記憶や脳科学、文化人類学な

どのさまざまな領域からも考察したい。

　過去に、"創造性"について米国 Apple のスティーブ・ジョブズがこんな言葉を述べていた。「創造性とは結びつけることだ。クリエイティブな人々は多くの経験をしているか、もしくは自分の経験から多くのことを考えているからできる」。ジョブズは、自らの個人的な経験や記憶から創造し、最終的にすべてを結びつけていくべきだと伝えている。思考の原点は「自分が顧客だったらどうしたいのか」という自己中心的な尺度だ。

　一方、米国 IDEO の創設者であるデビッド・ケリーは「ユーザーのふるまいを観察することによって、私たちはより良いショッピングカートをデザインする方法を学ぶ」と述べている。自らの経験から始めるのではなく、ユーザーの観察から新しい発想は生まれるという視点だ。思考の原点は「顧客の行動や気持ち」であり、ケリーはジョブズとは真逆の尺度を重視している。しかし、自分起点か顧客起点かという出発点は異なるにせよ、人の思考の中にある感情や経験、記憶が礎であることはどちらも尊重しており、人間の根源的な要素を見つめ直すことで、創造力を生み出すべきだと説いている。

# 2章

## ブランド・エクイティと長期育成

## 2-1 ブランド論の変遷

　はじめに、本書におけるブランド概念を定義しておきたい。米国マーケティング協会は「ブランド」とは、「ある売り手の財・サービスを他の売り手のそれと異なるものとして識別するための名前、用語、デザイン、シンボルなどの特徴」と定義している。[注1]また、製品に付けられた製品名・ロゴ・パッケージデザインその他の製品識別要素をブランド要素と称する（Keller 2002）としている。

　1950年代はブランドを広告表現として捉える考えが主で、印象深いキャッチコピーや画像などによってブランド・イメージがつくられると考えられていた。またパッケージデザインなども単独でデザインを評価するのではなく、スーパーマーケットのシェルフの中などで競合パッケージデザインと見比べ、消費者視点でデザインを構築する手法もこの頃登場した。

　その後の1980年代に米カリフォルニア大学バークレー校のAakerらによってブランド・エクイティの概念が提唱されたことで、ブランドはマネジメント概念として取り扱われるようになった。すなわち、企業は有形無形の資産として、どのようにブランドを管理していくのかという問題意識の下で論じられていくことになる。マーケティング・広告・会計・経営などの経営戦略の視点から議論が展開され始めたのである。ブランド・エクイティの概念によって、個別ブランドごとにその資産的価値を把握する手法も数多く登場し、それを維持・管理することの重要性を与えてきた。特にAakerの著書が出版されて以降、ブランドとその資産的価値の問題は、多くの実務家や研究者の関心を集めてきた（田中1993；青木1994）。

---

注1　A name、term, design, symbol, or any other feature that identifies one seller's good or service as distinct from those of other sellers. の邦訳。

しかしながら1990年代、ブランド・エクイティが資産や価値として蓄積されているのは企業だけではないという考え方が生まれる。Keller（1991）は、顧客を中心にしたブランド・エクイティ概念を提案している。さらにブランド・エクイティ概念内にあるブランド知識について「様々な連想と結びつけられた記憶内のブランド・ノードからなるもの」（Keller 1993, 青木訳1994）と捉えている。ブランドは顧客の記憶に蓄積され、購入意思決定時などにその記憶が蘇ることによって、ブランド購入を何らかの形で促進され、また長期的に蓄積できる性格を有している。すなわち、ブランドは消費者の記憶の中にも蓄積されるのである。

　さらに現在では、ブランドに資産的な価値があることを十分に認識した上で、その価値を維持・強化していくための具体的な方法論や、人材育成やデジタル変革、その組織づくりへと新たな課題の登場は尽きない。さらにESG（環境・社会・ガバナンス）経営を起点とした社会問題の解決にも活用しようとする動きもある。

　一方、消費者行動研究においてブランド・リレーションシップの概念に着目し、その理論化を構築したのがFournier（1994, 1998）である。Fournierは、今までの概念は消費者が継続購買しているかどうかを明らかにするものであったのに対して、ブランド・リレーションシップ概念はどのようにして消費者がロイヤルティーを築いていったのかについて明らかにするものであるとしている。Fournier（1998）はライフヒストリー・ケース・スタディによって、ブランド・リレーションシップの質を測る6つの構成要素を示唆した。それは、相互依存、愛・コミットメント、パートナーの質、自己との結びつき、消費者からブランドに対する親密性、ブランドから消費者に対する親密性としている。

　ブランド記憶の構成要素は、有形のブランド・アイデンティファイアだけでなく無形のブランド・アイデンティファイアとしても存在する。消費者知

識は、企業の発信する情報だけでなく口コミや使用経験などによっても形成される。ブランドの長期育成、つまりロングセラー化を目指すためには、消費者の生活の中でブランドとの絆がどのように生まれるのかについての深い洞察がなければ、関係性の本質は摑めない（Fournier 1998）。なぜなら、時にはブランドは消費者の生活を手助けし、生活に意味を与え、アイデンティティの重要な一部となり、かけがえのない存在になることがある（Aaker and Joachimsthaler 2000, Fournier 1998）からだ。

## 2-2　ブランド・エクイティの共創

　現在、製品やサービスのコモディティ化が急速に進行し、企業は自らつく
り出した価値を獲得し継続すること、すなわち利益を上げ続けることが困難
になってきたと言われている。消費者が求める価値が、単なるモノの価値を
超えてコトの価値（経験価値）へとシフトする中、D2C による既存チャネ
ルの変化も含め、適切な形で価値を伝達し実現することの重要性も急速に高
まっている。また消費者とブランドの関係性の構築そのものがブランドに対
して競争優位性をもたらすにもかかわらず、不確実性の多い社会状況や経済
環境、昨今の突発的な感染症や気候変動によって、今までのように安定的か
つ長期的な利益を上げることも予想しづらい。そうした外部環境下で、ブラ
ンドの長期育成をしにくい状況は、生産性や効率性の向上やスピード性を弱
めることになり、企業にとって重要な課題である。

　今後デジタルシフト化する中で、ブランドの長期育成は一つの理想形で
ある。1990年代、ブランド論は Aaker による「いかにして強いブランドを
構築するか」を発端に、強いブランドを創発する方法論として実践的な議論
へと移行していくことになる。さらに Schmitt（1999）が提案する「経験価
値マーケティング」は、「経験価値」の重要性に着目し、五感を通した感覚
的な経験（sensory experience）を与える重要性を指摘している。現在のカ
スタマージャーニーや UX、CX への注目はこの視点が基であると考えられ
る。特に物性や機能による差別化が困難なコモディティ化した市場では、感
覚的な経験を戦略として活用し、顧客との関係性を強い絆で結びつけるべき
だと提言している（青木 2011）。Schmitt の経験価値は、単純に感覚的な経
験価値だけではなく情緒的、認知的、行動的、関係的なものを含む5つのタ
イプの経験価値領域にまで拡げられているのが興味深い。その後、経験価値
領域は顧客とブランドとの感性を刺激するつながりを築いていくために、カ

スタマージャーニーや UX、UI というような考え方で消費者とのインターフェースの構築へと発展していくことになる。

2000年代に入り、ブランド研究は新たなブランド観の確立に向けて、企業から顧客への一方向的な価値の提供から発展し、企業と顧客との双方向的な価値の共創プロセスに着目していく流れになる。Allen, Fournier, and Miller（2008）は、従来のブランド観を「情報ベースのブランド観」（information-based view of branding）と名付け、新たなブランド観を「意味ベースのブランド観」（meaning-based view of branding）として提示している。その特徴を図表6のように整理した。

**図表6　2つのブランド観の対比**

| | 従来のブランド観 | 新たなブランド観 |
|---|---|---|
| ブランド観 | 情報ベース | 意味ベース |
| ブランドの役割 | 選択を支援する情報伝達手段 | 暮らしを支援し、人生に意味を与える手段 |
| コンテクスト（文脈）の役割 | コンテクストはノイズ | コンテクストがすべて |
| 中心的構成概念 | 知識を構成する認知や態度 | 消費の経験的・象徴的要素 |
| 研究の対象領域 | 購買（交換価値） | 消費（使用価値・文脈価値） |
| マーケターの役割 | ブランド資産を生み出し所有する（価値の提供） | ブランドの意味の創り手 |
| 消費者の役割 | 情報（ブランド）の受動的な受け手 | 意味（ブランド）に対して能動的な創り手 |
| 消費者の活動 | 機能的、情動的な便益の実現 | 意味付け |

（出所）Allen, Fournier and Miller（2008）を基に青木（2011）が作成、一部筆者作成

青木（2011）によると従来のブランド観では、ブランドは情報を与えることで消費者が選択するプロセスを支援し、リスクを減らし意思決定を簡潔にするための手段であった。消費者は情報（ブランド）に対して受動的で便益を実現するための交換価値を求めていた。これに対して新しいブランド観である意味ベースのブランド観では、ブランドは生活者の暮らしを支え、一人ひとりの人生に意味を与えていくための手段である。コンテクスト（文

脈）が重要で、そのための経験的な要素やブランドの象徴的な意味が重要である。また消費者自身が、ブランドの意味を能動的に創造する作り手にもなり、企業はブランドの意味を創造する主体の一つにしかすぎない（青木2011）。

　強いブランドは、消費者への適切な共感性と競合とは異なる圧倒的な独自性を併せ持つ。強いブランドを創発するためには、今後デジタル・コミュニケーションが加速することで、消費者とのチャネルや接点がさらに多様化する前提で考える必要がある。多様化すればするほど、改めて強力なコンテクストの存在を認識することは極めて重要である。また、それ以上に社内での実務者による共通認識こそがブランドを創造する原動力になる。

　一方で低関与製品の多くが、コモディティ化し開放されたチャネルで販売されているのが現状だ。またデジタル上でのチャネルでは、与えられた情報によって消費者が購入の意思決定をしており、強いブランドになればなるほど、購入決定に至るまでのスピードも重要視しなくてはならないだろう。特にコモディティ化した低関与製品の多くは日常記憶としての購入経験に基づき購入され、その製品に関する消費者の情報は長期記憶に内在されていることが多い。例えば醬油やケチャップ、洗濯洗剤、医薬品などの日用品は、購入決定に至るまでさほど時間はかからず購入しているだろう。それは、私たちの記憶の中に醬油や洗濯洗剤の意味ベースのブランド観が内在されているからである。

　以上のことから、3章以降から消費者の自伝的記憶に着目し、ブランド購入の意思決定の際、自伝的記憶がどのように影響しているのかを検証する。

## 2-3 ブランドストーリーの重要性

　本書におけるブランドストーリーについても定義しておきたい。

　ブランドストーリーの定義について明確に示されているものは少ない。一部、Aaker（2018）が定義しているものを引用すると、ストーリーとは「現実または架空の出来事や経験を、序盤・中盤・終盤に分けて書いた物語（ナラティブ）」としている。さらにシグネチャーストーリー（心を動かすストーリー）の概念を説明する上で「戦術的ストーリーはおそらくは広告やウェブ上で、短期的なコミュニケーションの目的を達成するために使われる。目標達成後もストーリーが生き続けることは期待されていない」（Aaker 2018）としている。前著『Brand STORY Design』（日経BP）の中でも、ブランドストーリーは刺激をつくるものではなく、消費者の経験を紐解くものとしており、それらはストーリー仕立ての広告キャンペーンのことでもなく、老舗ブランドが自らの歴史を単純に語って聞かせることでもないとしている。

　事実の提示は、企業側の事実にすぎず消費者の気持ちを動かすことは難しいが、ストーリーという手法なら消費者の感情を動かすことができる。事実は出来事そのものであって、必ずしも消費者の行動変容を起こすものではないからだ。目指すべきはブランドが物語の主人公となるストーリーではなく、消費者が主人公として行動したくなる物語を構成するストーリーである。それらを"語り"という意である"ナラティブ"という単語で表現している。"ナラティブ"を本気で実装し、行動を伴っているライフストーリーがあることによって、聞き手は感情を揺さぶられる。例えば、過去から環境保護を訴え、自ら独自の行動規範を持ち、顧客にも行動変容を促し続ける米国アウトドアブランド「パタゴニア」は、"ナラティブ"なブランドの代表例である。本書ではこのようなブランドにおける"ナラティブ"の意味も、

ブランドストーリーに含ませて考えたい。

　しかしながら、ブランドストーリーと言われても何から考え始めたらいいのか、最初の入り口が分からないのが実際のところだろう。消費者とブランドの間にあるブランドストーリーを定義しにくい理由は、機能性や利便性などの便益、チャネルとの接点、使用シーン、時間、ライフスタイル、ビジョン、組織の価値観や事業戦略など、それらが莫大なプロットで構成されることになり、結果、壮大なストーリーに膨張し、その本質的なコアが見えにくくなるからだろう。

　本書の定義では、ブランドストーリーは「人とブランドとの間に結ばれる、終わることのない絆」とする。ブランドが時代や社会や人々の意識の変化に応じて、常に価値やふるまいを更新し、新しい関係を結び直す。その結果として紡がれる、ブランドとそのファンである人との歴史においてのみ存在するクローズドでパーソナルな唯一無二の物語。それがブランドストーリーである（44ページの図表7）。

　ブランドストーリーは一朝一夕にできあがるものでもなければ、ブランド側から一方的に与えることができるようなものでもない。その代わり、一度生まれたブランドストーリーには、人の原体験、そのブランドに対する記憶、様々な感情や五感が含まれている。このことは、ブランドと人を情緒的に強く結びつけてくれる。例えば、いつの時代も少年時代の夏の情景を喚起させる「カルピスウォーター」や、その匂いとともに母親との記憶が蘇る「オロナインH軟膏」などは、強いブランドストーリーが存在している一例だ。

　そしてそのような関係性を結ぶためには、人間への深い興味とその欲求への理解が不可欠であり、消費者一人ひとりの内面を深く掘り下げるアプローチが求められる。心の底で共感し合えたブランドには、感情が芽生え、体温が宿り、嘘偽りのない唯一無二のブランドストーリーが生まれる。

人とブランドとの間に結ばれる、終わることのない絆であるブランドストーリーには、①ブランドの潜在的な成長力である独自性と適切性、さらに②ブランドの能力である知識とその信頼性の2つの要素が内包されている。「カルピスウォーター」や「オロナインH軟膏」は、この2つの要素を長年結び続けてきたからこそ、唯一無二のブランドストーリーが存在している（図表7）。

**図表7 ブランドストーリー**

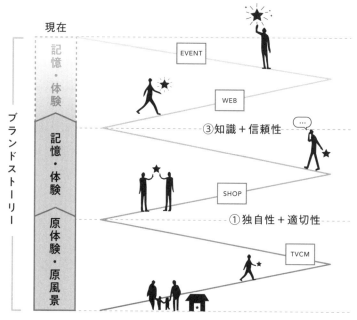

継続的なブランド体験を通して、「記憶」や「体験」も更新されながら蓄積され、ブランドと人の間に唯一無二のストーリーが紡がれる。ブランドストーリーが内包している要素は①独自性＋適切性＝ブランドの潜在的な成長力、②知識＋信頼性＝ブランドの能力である。

（出所）バニスター作成

## 2-4　ブランド・エクイティとブランド知識

　本書ではブランド・エクイティを議論する上でKeller に注目したい。Keller によって論じられている顧客ベースのブランド・エクイティは「あらゆるブランドのマーケティングに対応する消費者の反応に、ブランド知識が及ぼす効果の違い」と定義されている（Keller 1998）。顧客ベースのブランド・エクイティの枠組みは、消費者の観点からブランド・エクイティにアプローチしたものである。Keller（1998）は、顧客ベースのブランド・エクイティの定義には3つの重要な構成要素が含まれていると述べている。すなわち、①効果の違い、②ブランド知識、③マーケティングへの消費者反応である。

　Keller（1998）によると、第1にブランド・エクイティは消費者反応の差異によって生じる。たとえブランドネームを有する製品であっても、消費者の反応に何の差異も生じなければ、コモディティやノーブランド製品となる。第2に、こうした消費者の反応の差異は、ブランドに関する消費者知識によってもたらされる。つまりブランド・エクイティは、企業のマーケティング活動に強く影響されるが、最終的には、消費者の心の中に存在するものによって決まる。第3に、ブランド・エクイティを構成する消費者の反応の違いは、ブランドのあらゆるマーケティング局面と結びついた知覚や選好、行動の中に表れるという（Keller 1998）。こうして顧客ベースのブランド・エクイティの枠組みから見ると、ブランドに関する消費者知識が価値を構築するための鍵であると言える。したがって、ブランド・エクイティを構築するブランド知識が消費者の心の中、すなわち記憶内にどのように存在しているのかを理解する必要がある（Keller 1998, 恩蔵・亀井訳 2000）。

　Keller は記憶内を理解するために心理学者 John R. Anderson（1983）によ

って開発された連想ネットワーク型記憶モデルが役に立つとしている。情報の想起や検索は拡散的活性化と呼ばれる概念を通じて生じる。活性化の源泉となり得るのは情報ノードである。情報ノードは蓄積された情報である。提示された外部情報であったり、現在処理されている内部検索情報であったりする。ノードが活性化されるとノードと結びついた別のノードへと活性化は拡散する。拡散的活性化の結果として、ブランド連想の強さとその構造はブランドに関する情報が想起されるための重要な決定要素となり、消費者の反応やブランドに関する決定に影響を及ぼすとしている（Keller 1998, 恩蔵・亀井訳 2000）。

　一方、ブランド・エクイティを構築するブランド知識は2つの構成要素で特徴づけられる。ブランド認知とブランド・イメージである（Keller 1998）。ブランド認知は記憶内におけるブランドのノードや痕跡の強さと関係しており、さまざまな状況下においてブランドを識別する消費者の能力を反映したものである（Rossiter and Percy 1987）とされている。

　図表8（48ページ参照）はKeller（1998）が整理したブランド知識の体系である。ブランド知識はブランド認知とブランド・イメージに大別される。ブランド認知は、ブランド再認とブランド再生から構成される。ブランド再認とは、製品カテゴリーによって満たされるニーズ、あるいは他のタイプの手がかりが与えられた場合、過去にそのブランドに接したかどうかを確認できる消費者の能力である。ブランド再生とは、同じような手がかりが与えられない場合、当該ブランドを検索できるかどうかという消費者自身の能力である（Keller 1998, 恩蔵・亀井訳 2000）。

　Keller（1998）によると、ブランド認知が消費者の意思決定で重要な役割を果たす場合は主に3つあるとしている。第1に、ブランドの認知が高まると購買おいて検討対象となる考慮集合に含まれる確率が高まる場合である。第2に、たとえブランド連想が存在しない状況下でも、ブランド認知が考慮

集合内のブランド選択に影響を及ぼし得る場合である。例えば、低関与の意思決定状況下で、はっきりとした態度形成がなされていなくても、先ほどの醤油や洗濯洗剤のように、最低限のブランド認知さえあれば製品選択には十分であるといったケースがこれに当たる。第3に、ブランド認知がブランド・イメージを形成するブランド連想の構造と強さを左右する場合である。ブランド・イメージの形成にとって必要な条件は、ブランド・ノードが記憶内に事前に確立されていることである。しかも、そのブランド・ノード特性によってさまざまな情報がブランド連想としてブランドに結びつく可能性を持っていることである。ブランド・イメージとは、あるブランドに対する消費者の知覚であり、消費者の記憶内で抱かれるブランド連想を反映するものとして定義される（Keller 1998）。またブランド連想とは、記憶内のブランド・ノードと結びついた別の情報ノード群であり、消費者にとってブランドの意味を含んでいると言える（Keller 1998, 恩蔵・亀井訳 2000）。

　ブランド認知が形成される過程において、概括的な記憶が幾度も繰り返されることによって、ブランドが記憶内に強く銘記される可能性は高まっていく。したがって、ブランドネーム・ロゴ・キャラクター・パッケージ・広告・販促活動・PRなどあらゆるものがブランド認知を高める可能性を秘めている。ただし、ブランド反復はブランド再認を増加させるが、ブランド再生の確率を向上させるには、記憶内で消費の手がかりと結びつく必要がある（Keller 1998）としている。

　つまりブランド認知は、経験の深さと幅によっても特徴づけることが可能であるのだ。ブランド認知の深さは、ブランド要素を思い出す可能性とブランド要素を思い出す可能性と容易さに関係し、一方でブランド認知の幅は購入回数および使用状況の数に関係する（Keller 1998, 恩蔵・亀井訳 2000）という。このように、ブランド認知とブランド再生においては、概括的な記憶が幾度も繰り返されることでブランドが記憶に強く残ることを学術的にも実証している。

**図表 8 ブランド知識の体系**

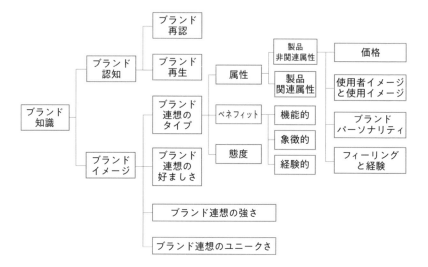

（出所）Keller（1998,2000）,132ページを基に図は筆者作成

　さらに、ブランドに対する消費者の知覚であるブランド・イメージについてより深く理解したい。また、そのブランド連想のタイプも確認する。

　ブランド・エクイティの構築のためにはブランド認知は必要であるが、それだけで十分というわけではない。中でも図表8のようにブランド・イメージは重要な役割を果たす。ブランド・イメージとは、「あるブランドに対する消費者の知覚であり、消費者の記憶内で抱かれるブランド連想を反映するもの」として定義される（Keller 1998）。ブランド連想とは、ブランド・エクイティの構成要素である（Aaker 1991；Keller 1993）。ブランド連想は記憶の中でブランドに結びつくすべて（Aaker 1991）、消費者がブランドから思い出すすべての記憶や知識（青木・電通プロジェクトチーム 1999）といった指摘があるように、記憶の中に保存され、ブランドが刺激となり想起さ

れるものである。

　Keller（1998）によれば、ブランド連想のタイプには次の3つがあり、そ
れはすなわち、属性・ベネフィット・態度とされている。本書では、その中
でもブランド連想のタイプの一つである"ベネフィット"に注目したい。ベ
ネフィットとは、「企業、製品やサービスの属性に消費者が付与する個人的
価値や意味のこと」（Keller 1998, 恩蔵・亀井訳 2000）であるとしている。
ベネフィットは動機に基づいて、さらに3つのカテゴリーに分類できる。そ
れらは①機能的ベネフィット②象徴的ベネフィット、そして③経験的ベネフ
ィットである（Keller 1998, 恩蔵・亀井訳 2000）。

　①機能的ベネフィットは、製品やサービスの消費における内在的利便性の
ことであり、通常は製品関連属性と対応している。これらのベネフィットは
生理的ニーズや安全のニーズといった基本的な動機と結びついていることが
多い。利便性や操作性などデジタル領域でも必要とされる。②象徴的ベネフ
ィットは、製品やサービスの消費における外在的利便性のことで、通常は製
品非関連属性、とりわけ使用者イメージと対応している。象徴的ベネフィッ
トは、社会的承認、自己表現および外部志向の自尊心といった基本的ニーズ
と関連している。その製品を持っていることでの優越感などはこれにあた
る。③経験的ベネフィットは、製品やサービスの使用を通じて感じるもので
あり、使用者イメージなどの製品非関連属性はもちろん、製品関連属性にも
対応する。このベネフィットが満たすものは経験的なニーズ、例えば、見
る・味わう・聞く・におう・感じるといった感覚的な喜び、多様性、認知的
刺激などがある（Keller 1998, 恩蔵・亀井訳 2000）。

　つまりブランド連想において、機能的ベネフィットだけではなく、象徴的
ベネフィットや経験的ベネフィットが必要であるということが分かる。ベネ
フィットは消費者が持つ個人的価値や意味のことであり、特に象徴的ベネフ
ィットや経験的ベネフィットは消費者の個人的意味が含まれる。しかし実務

では機能的ベネフィットに投資しすぎてしまい、象徴的・経験的ベネフィットの構築が希薄になるケースが見られる。

　Keller（1998）によると、ブランド連想の強さには、消費者がどのような情報を想起するかが影響し、それがブランド選択に影響を及ぼす。ブランドの属性やベネフィットに関する消費者の信念は以下の3つの方法で形成される。すなわち（1）ブランドの直接的な経験、（2）企業または外部の第三者によるブランドに関するコミュニケーション、そして（3）他のブランド関連情報に基づく仮説や推測である。この中で最も強いブランド連想を惹起する情報源は（1）の直接的な経験である（Keller 1998, 恩蔵・亀井訳 2000）。

　以上の先行研究に関する考察から、ブランド・エクイティを構築する上で、ブランドは多様なタイプによるブランド連想と結びついていることが分かる。そして、その連想の根底には、消費者の象徴的ベネフィットや経験的ベネフィットにつながる、個人的価値や意味が含まれる。つまり個人的記憶である自伝的な記憶が影響する可能性が見えてくる。
　3章では、自伝的記憶について理解を深めていく。

原風景は自伝的記憶

## 3-1 マドレーヌの香りは原風景

　この章では、自伝的記憶とは何かを学術的に整理し、記憶研究の視点からも掘り下げてみる。まず自伝的記憶とは何かを説明する前に、このような話から始めてみたい。

　例えば、日常生活の中で、海の潮風や花火の匂いを嗅いで夏の出来事を思い出したり、夏の草むらの匂いを嗅いで、昆虫をとった幼少期の頃を思い出したりすることがある。作家マルセル・プルーストによる『失われた時を求めて』の中で、「私は無意識に、紅茶に浸して柔らかくなった一切れのマドレーヌごと、ひとさじのお茶をすくって口に持っていった」という一節で紅茶に浸したマドレーヌの香りによって、幼い頃の記憶が突然呼び起こされたというストーリーが始まる箇所がある。このようにマドレーヌの一節が印象的に表現され、嗅覚や味覚から過去の記憶が鮮明に蘇ってくる心理現象のことをプルースト現象（Proust phenomenon）と呼ぶようになった。

　記憶研究の結果においても、匂いが手がかりとなって想起された自伝的記憶は、他の手がかりによるものよりも情動性が高くかつ鮮明であり、追体験感覚を伴うことが報告されている。また単語の代わりにカレーやレモンなどの日常的な匂いを手がかりとして用いて、それらによって想起される自伝的記憶の特徴を評定値などによって分析するという実験も行われている。手がかりとなった匂いは、食品に関するものが多いらしい。そして想起された自伝的記憶は、料理や食事に関する出来事が多いことが明らかにもなっている。

　さらにプルースト現象とは主体的な体験でありフラッシュバックや既視体験との類似性があるということも指摘されており、非言語的で圧倒的な体験

であり、自己の核が揺さぶられるような体験であることも提言されている（森田 2008）。また、匂いによる手がかりの場合には、小学生の時に友達と仲良く遊んでいたことを思い出し、その友達に会いたくなって連絡をとったという例もあり、回想的な思考だけにとどまらずその後の行為を生み出すようなケースが多く見られるという（山本 2010）。つまり、紅茶に浸したマドレーヌの香りによって、幼い頃の記憶が突然呼び起こされたという、自伝的記憶に含まれるプルースト現象は人間行動にも何かしらの影響を与える可能性が考えられるということになる。

## 3-2　自伝的記憶とは何か


　自伝的記憶とは、「自分自身の人生における出来事に関する個人的記憶」
（Baumgartner, Sujan, and Bettman 1992）を意味しているとされている。

　記憶研究については広く共有された枠組みがあり、まず記憶というものを
分類で整理しておく必要がある。記憶は保持できる量と期間によって、短期
記憶と長期記憶の2つに分類している（Tulving 1983）。短期記憶は、記憶の
保持する量が少なく、期間も短く、すぐに忘却されてしまう記憶のことであ
る。一方、長期記憶は保持する量が多く期間も長い記憶であり、自分の過去
経験に関する想起意識に基づいて、潜在記憶と顕在記憶に分類される。潜在
記憶とは自分の過去経験を思い出すという意識を伴わない記憶である。一
方、顕在記憶とは、自分の過去経験を思い出すという意識を伴った記憶のこ
とを指す。顕在記憶は4つの記憶システムからなると考えられており、宣言
的記憶、手続記憶、エピソード記憶、意味記憶であるとされている
（Tulving 1983；太田 1985；守口他 2012）。

　顕在記憶のうち、宣言的記憶とは言語によって記述できる事実についての
記憶のことである。一方、手続記憶とは物事の手続きについて、身体で覚え
ている記憶である。宣言的記憶は、さらにエピソード記憶と意味記憶の2つ
に分けられる。エピソード記憶とは、人間の過去における日付のあるユニー
クで具体的かつ個人的な経験についての記憶である。意味記憶とは、誰もが
共通に持っている抽象的かつ超時間的な知識についての記憶である（田中
2015）。図表9に示した通り、これらの4つの記憶システムは顕在記憶であ
り、その他は記憶全体の基礎的な土台として働く潜在記憶であるとされてい
る（Tulving 1983）。

このうちエピソード記憶は、さらに2つのカテゴリーに分けることができる。1つは符号化要素で、もう1つは検索要素である（Tulving 1983）。外部環境から入ってきた情報が符号化された結果、脳の中に記憶痕跡が残る。この符号化過程で入ってきた情報と検索手がかりとの間の整合性が高いほど記憶は想起されやすい。つまり、符号化の文脈と記憶を検索する文脈とが一致すればするほど、記憶の再生はより効率的に行われる。これをブランド・マネジメントの場面に適用すれば、どのような文脈でそのブランド名や記号を記憶してもらうかが重要だということになる（田中 2015）。

　ここで、エピソード記憶と自伝的記憶は近いのではないかという仮説が成り立つ。エピソード記憶とは消費者の体験に基づき、「いつ」「どこで」という時間的・空間的に定位された出来事に関する記憶であり、個人的な経験や深い感情をも含む自伝的記憶でもあるとしている（守口他 2012）。一方で、自伝的記憶とは、自分自身の人生における出来事に関する個人的記憶のことである（Baumgartner, Sujan, and Bettman 1992）とされており、記憶研究から見た際に、必ずしもエピソード記憶と自伝的記憶は同意ではない。

**図表 9 記憶の体系**

（出所）Tulving（1983）を基に, 田中（2015）が作成

その違いの理由として、自律的かつ自己認識の意識がすべてのエピソード記憶の必要な相関関係であると指摘した際に、エピソード記憶と自伝的記憶の間に密接な関連を発見した（Tulving 1983）。すなわち自伝的記憶は、再現性のある体験や親しみやすさなどの過去と主観的な真理性によって特徴づけられるのであるというものだった（Brewer and Pani 1982）。これは、具体的に個人が実際の日付を記憶することを意味するものではなく、それが独特の時間であったとして記憶することを意味している。つまり自伝的記憶とは正確性ではなく、その経験に主観的な真理性が含まれているものと考えることができる。単なる定位された出来事に関する記憶ではなく、自己の人生に影響している記憶が自伝的記憶となる。すなわち自伝的記憶とは、自分自身の人生における出来事に関する個人的記憶のことなのだ（Baumgartner, Sujan, and Bettman 1992）。

自伝的記憶は、エピソード記憶のように意図的に覚え込もうとしていないのにもかかわらず、いつのまにかさまざまな記憶が形成されているという特徴がある。このように記憶研究において自伝的記憶とエピソード記憶は異なるものであることが分かる。今一度考えたい。自伝的記憶とは正確性ではなく、その経験に主観的な真理性が含まれているとはどういうことだろうか。記憶研究の視点からさらに考察したい。

Nigro and Neisser（1983）は、人間が自分自身の記憶を探ると、経験した本人の視点で想起されるものがあるが、大半は外部の観察者の視点に立ったものであると指摘している。人間はその記憶を観察者的に第三者的に俯瞰して見ているということだ。また、その観察者の記憶は忠実に複写したものではなく再構成されたものであるという。さらに、最近の出来事の記憶は、経験した時と同じ視点でもう一度経験したような複写的な記憶であることがほとんどであるのに対して、遠い過去の出来事の記憶は、第三者的に観察者の視点で再構成されてしまった記憶であることが多いと報告している。

また Brewer（1986）も、もともとの出来事をそのまま複写したものか、あるいは再構成したものかによって記憶の内容が異なると主張している。個人的記憶の中には、極めて鮮明で細部まで忠実に複写されているものがある。逆に、もともとの経験と事後の解釈が一緒になった曖昧な個人的記憶も存在している。それらは主観的に再構成された記憶であり、こうした自伝的記憶は、次第に自己の概念や人生と深く結びついていくという。このことから、自伝的記憶は人間の視点で改めて再構成されている場合が多いことが推測できる。さらに Cohen（1989）は特定の個人的記憶は問題解決の際に重要な役割を果たすと示唆している。つまり、自伝的記憶は、よく似た問題を抱えていた時に特定の経験を振り返るために役立つことが多いというのである。

　このように記憶研究において Brewer（1986）は、自己に関わる記憶を獲得条件と表象形態によって4タイプに分類している（58ページの図表10）。獲得条件とは、その記憶が1回の経験に基づくものか、複数回の類似の経験に基づくものかの違いを意味する。表象形態とは、その情報を視覚的にイメージできるか否かを意味する（佐藤 2008）。

　タイプⅠは、1回のみのイメージ的な記憶としての個人的記憶である。個人的記憶とは、例えば「10年前のプレゼンテーションでポインターの操作に失敗した」というように、1回の経験に基づき、その場面を鮮明に想起できてはいるものの、その時の様子を具体的に想起できないといったケースが該当する。タイプⅡは、複数回のイメージ的な記憶であり、概括的な個人的記憶と称される。概括的な個人的記憶とは、例えばプレゼンテーションしている自分の姿をイメージできるように複数の類似の経験から構成された自己のイメージのことである。

　タイプⅢは1回のみの非イメージ的な記憶であり、自伝的事実という。例えば「10年前にプレゼンテーションで初めて発表した」といったように、

知ってはいるがその時の様子を具体的には想起できないといったケースである。最後に、タイプⅣは複数回の非イメージ的な記憶であり、自己スキーマという。自己スキーマとは、「プレゼンテーションでいつも緊張する自分」というように、複数の経験から抽象化された自己に関する知識である（佐藤2008）。

　以上のように、自己に関わる記憶にも多様なタイプが存在する。

**図表 10 自己に関わる記憶**

| | | 表 象 形 態 | |
|---|---|---|---|
| | | イ メ ー ジ 的 | 非 イ メ ー ジ 的 |
| 獲得条件 | 1 回のみ | タイプⅠ<br>個人的記憶 | タイプⅢ<br>自伝的事実 |
| | 複数回 | タイプⅡ<br>概括的な個人的記憶 | タイプⅣ<br>自己スキーマ |

（出所）Brewer（1986）を基に佐藤（2008）が作成

　さらに Brewer（1986）は、自己に関わる記憶だけでなく、図表11のように自伝的記憶の構造を細かく分類している。横軸は自伝的記憶が入力される形態、縦軸は記憶を取得した状況と説明の形態である。取得した状況と説明の形態は記憶表現を単独か複数回、それらが想像的か非想像的かで分類している。自伝的記憶が入力される形態については、自我・自己、視覚的・空間的、視覚的・時間的、意味的という4項目で構成されている。

　自伝的記憶の機能に関しても検討が進み、近年の自伝的記憶研究では、物語論の立場からの研究が急速に支持を集めつつあると言われている。まさしくブランドストーリーと自伝的記憶の関係である。そこでは自伝的記憶は単なる記憶ではなく、解釈し意味付けられた自己語りとして構造化されている。つまりナラティブとしての自伝的記憶は、個に閉じず、他者への語りを通じて他者からの解釈と評価を受け、自由に再構築される。そしてさらに、家族や社会、文化、歴史的な事象を個が自らのアイデンティティーの一部と

## 図表 11 自伝的記憶の分類

| | | | 自伝的記憶が入力される形態　Type of input | | | |
|---|---|---|---|---|---|---|
| | | | 自我・自己<br>Ego-self | 視覚的・空間的<br>Visual-spatial object, place | 視覚的・時間的<br>Visual-temporal events, action | 意味的<br>Semantic |
| 記憶を取得した状況と説明の形態 | 単独<br>Single instance | 想像的<br>Imaginal | 個人的記憶<br>Personal memory | 特定のイメージ<br>Particular image | 特定のイメージ？<br>Particular image? | 様式のイメージ<br>Image of input modality |
| | | 非想像的<br>Nonimaginal | 自伝的事実<br>Autobiographical fact | 具体的な構造や精神的モデルで説明する<br>Instantiated schema or mental model | 具体的な文章や計画で説明する<br>Instantiated script or plan | 事実を説明する<br>Facts |
| | 複数回<br>Repeated(with variation) | 想像的<br>Imaginal | 概括的な個人的記憶<br>Generic personal memory | 概括的な知覚の記憶<br>Generic perceptual memory | 概括的な知覚の記憶<br>Generic perceptual memory | イメージはない<br>No image |
| | | 非想像的<br>Nonimaginal | 自己スキーマ<br>Self-schema | スキーマ<br>Schema | 言語<br>Scripts | 知識<br>Knowledge |

（出所）Brewer（1986）を基に筆者作成

して取り込む。つまり、物語としての自伝的記憶はエピソード記憶よりも曖昧な概念であり、新しい構成体として機能する可能性を秘めている。図表11のように自伝的記憶は明確なイメージのある個人的記憶だけでなく、過去の自己に関わる情報の記憶全体を意味している。

　これらの先行研究における定義を参照し、本書では自伝的記憶を次のように定義したい。

　すなわち自伝的記憶とは、「自分自身の人生における出来事に関する記憶の総体であり、事実と主観的な真理性を含んだ、情緒的・空間的に特定可能な記憶である」。次節では、誕生時から現在までのどのような時間軸上で自伝的記憶が形成されていくのか、自伝的記憶の分布について紹介する。

## 3-3 自伝的記憶と時間情報

　レミニセンス・バンプとは、人が過去に経験した出来事を想起する際に、10歳〜30歳の間の出来事を多く思い出す現象であり、特に高齢者に顕著に見られるものである。"記憶のこぶ"という意味で、人は過去の記憶を想起する際に10歳〜30歳までのことを思い出しやすい傾向にある。

　図表12のように、思い出された出来事と経験した年齢を現在までの時間軸上にプロットすると次の3つの特徴がある（槙 2008）。第1の新近性効果とは、比較的最近のことを思い出すという意味である。最近の出来事ほどよく想起され、現在から時間が離れるほど、出来事の想起率が低下するという傾向が見られる。

　第2の幼児期健忘とは、0歳から3歳〜4歳までの記憶の想起量が非常に乏しい現象があり、幼すぎる頃のことは思い出せないという特徴だ。自分が覚えている最も古い出来事に関する記憶を最初期記憶というが、想起量は最初期記憶の年齢（3歳〜4歳）から急激に増加し、8歳以降からほぼ一定となる（Rubin and Berntsen, 2003）。ある程度は断片的に過去を思い出せるにもかかわらず、3歳以下の記憶はほとんど覚えていない。

　そして第3はレミニセンス・バンプという10歳〜30歳の出来事の想起量が多いという現象である。FranklinとHolding（1977）によって最初に発見され、この時期がこぶのように突出することから、レミニセンス・バンプと命名された（Rubin and Berntsen, 1986）。10代〜20代に生じる出来事は、卒業・就職・結婚・出産など新奇性や示差性が高い。これらは他の出来事と分けやすいことから、相対的に安定して長期間記憶が保持されやすいとされている（Jansari and Parkin 1996）。生物学的説明によると、10代〜20代が

認知的なパフォーマンスが最も優れている時期であるため、多くの記憶が記銘・保持されるという説もある（Schrauf and Rubin, 1998）。

　通常、自伝的記憶研究では、過去に経験したエピソードを想起し、その生起時期や鮮明度、感情などをヒアリングすることが多い。自己の歴史の記憶である以上、その記憶は時系列にそって並んでいるかもしれないが、想起する自身の過去は実際に経験した過去そのものではなく、現在の自己の視点から再構成されたものである。例えばLinton（1986）は6年間日記をつけ、自分自身を対象に特定のエピソード想起に有効な手がかりを検討し、時間情報の有効性は最も低かったと報告している。Wagenaar（1986）も同様に「いつ」「どこで」「誰が」「何を」の情報のいずれかを手がかりとして呈示し、他の情報の想起を検討したところ、「いつ」が想起の手がかりとして最も有効ではなかったとしている。自伝的記憶において時間情報はほとんど影響しない可能性があることが分かる。

**図表 12 自伝的記憶の分布に見られる 3 つの特徴**

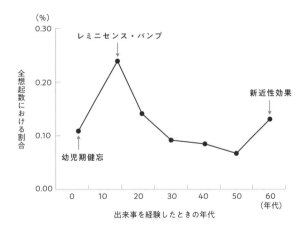

（出所）槇（2008）を基に図は筆者作成

## 3-4　自伝的記憶と購買行動


　記憶分野とマーケティング分野を両輪で考えてみたい。自伝的記憶と購買
行動との関係に関する先行研究もわずかながら存在している。顧客は広告な
どの製品の情報を解釈し、製品を評価し、生活の中で実感したことなどを選
択するための事前知識として有している。記憶はそうした知識の蓄積であ
り、消費者の情報処理に大きな影響を与えている。

　自伝的記憶と購買行動との関係に関しては、Wagenaar（1986）が自伝的
記憶における感情の重要性を確認した。その研究によれば、個人的なエピソ
ードにおける情報保持の程度は、エピソードの顕著さと感情的関与に依存す
るとしている。自伝的エピソードは肯定的でも否定的でもよいが、心地よい
エピソードのほうが不愉快なエピソードよりも想起されやすいとされてい
る。

　あるいは Baumgartner, Sujan, and Bettman（1992）は、自伝的記憶による
顧客の製品および使用経験への影響度を 3 つの実験で検証した。その結果、
顧客は製品判定および広告などの情報のコンテクストで自伝的記憶が影響を
受けることが分かった。彼らの実験では、自伝的記憶が再生されると製品情
報の分析や情報記憶が減少することが示唆されている。つまり、自伝的記憶
が再生すると製品に対する分析能力や他の情報が弱くなるという。また彼ら
は、自伝的記憶が広告評価に影響するということも検証した。さらに、自伝
的記憶がブランド評価にも影響を与え、広告内の文字や感情と関連している
ことも分かっている。顧客の自伝的記憶にアクセスすることは、広告や製品
に対する基本的な感情的要素になる可能性があると主張している。

　そして彼らの議論によれば、顧客が自伝的記憶を想起する際、一貫性のな

い2つのパターンが生じることがあるという。1点目は自伝的記憶を検索すると製品そのものへの注意が減少するというパターンである。つまり、自伝的記憶が存在すると製品ブランドへの評価が低くなるというのである。2点目は自伝的記憶によって、顧客が現在の製品と関連づける感情が生まれるパターンとしている。つまり、自伝的記憶は製品ブランドの評価に対して、現在の製品情報への注意力、現在の製品力、記憶における情緒的な質などとの関係によって、正の評価にも負の評価にも影響し得るというのである。つまり、自伝的記憶にある感情が現在の製品ブランドと反応し、そこで別の評価が決まるというのである。

　このように正の評価、負の評価にかかわらず自伝的記憶と購買行動は密接に関係し合うことが分かる。実際に、私も幼少期の自伝的記憶がある「金鳥の蚊取り線香」（大日本除虫菊の製品）は、現在、改めて製品情報の分析や広告情報を探索することなく、店頭でその缶のパッケージを見つけただけで毎年初夏に購入する。私自身、改めて効果効能や成分について調べたことはない。そして製品を使用し、なんとも言えない蚊取り線香の匂いを嗅ぐことで夏がやってきたことをしみじみと感じる。このようなプルースト現象によって新たな情報探索を行わずに、製品を購入したことは誰しもがあるのではないだろうか。

## 3-5　自伝的記憶と脳科学

　脳科学と記憶の関係性についても触れておきたい。

　脳は無数の神経細胞によって構成されているが、記憶は神経細胞の単位ではなく、複数の神経細胞をつなぐシナプスの単位で行われると言われている。一つの神経細胞には約1万ものシナプスがあり膨大である。いくつものシナプスが同時に活動し分散されて記憶している。つまりシナプスの全体的な活動を読み解くことで、初めてその意味が分かるとされている。

　数多くある脳の部位の中でも特に記憶に関係しているのが、海馬であることはよく知られている。短期記憶は海馬と前頭連合野、長期記憶は海馬が中心として担う。海馬は、内側側頭葉の一部で、ある種の記憶や学習に関わる。いつ、どこで、何が起こったという文脈情報に必要不可欠な脳部位である。その中でも過去に経験した出来事、つまりエピソード記憶に特に関わるということが知られている。海馬の機能が損なわれることで、他の認知機能に影響を与えることなくエピソード記憶が損なわれ、記憶デバイスとして適した構造と性質を持っていることから、長年、記憶研究の対象として注目されている。海馬がどのようなメカニズムでエピソード記憶を担っているのかという問題については数多くの仮説が存在しており、現在もよくわかっていない。

　2017年、理化学研究所脳科学総合研究センターと理研MIT神経回路遺伝学研究センターの共同研究チームは、日常の出来事の記憶であるエピソード記憶が海馬から大脳新皮質へ転送されて固定化されるメカニズムの一部をマウスの実験で明らかにした。従来、海馬に蓄積されたエピソード記憶が大脳皮質へ転送されることで、記憶の想起で活用する脳領域が数週間後には大脳皮質に切り替わることが研究によって発見されていた。しかし、心理学者や

脳科学者らにとって一般的となっている記憶固定化のための標準モデルについては、記憶が貯蔵される細胞を見分ける手法はなかった。つまり、海馬から大脳皮質へ記憶転送される際の神経回路メカニズムの詳細についてほとんど分かっていなかったのだ。

　また、脳内で保存されるための記憶の痕跡を含む神経細胞集団を"エングラム"とし、記憶の痕跡が保存される細胞をエングラム細胞という。理化学研究所（2017）によると、そのエングラム細胞を操作して学習した時点で、大脳皮質の前頭前皮質でエングラム細胞が生成されることが発見されている。つまり前頭前皮質のエングラム細胞は、海馬のエングラム細胞の入力を受けることで学習した後に、構造的、機能的にも成熟していくという。一方、海馬のエングラム細胞は時間経過とともに活動を休止して、脱成熟することも分かったそうだ。つまり、大脳皮質の記憶想起の際に必要な神経回路が時間経過とともに切り替わるという従来の記憶転送モデルが裏付けられたという実験結果もある。

　同様に2017年、理化学研究所脳科学総合研究センターと同志社大学の共同研究チームによる研究発表もある。従来、海馬でエピソード記憶がどのような仕組みで、出来事の内容や順序を記憶しているかは不明だった。そこで、音の情報と匂いの情報を順番にラットに与え、その情報の組み合わせによって右レバーか左レバーかを選ばせて、正解した場合に報酬として水を与える「組み合わせ弁別課題」という行動課題を学習させ、その時に海馬の神経細胞の活動を小型の高密度電極で記録した。

　その結果、海馬の神経細胞の中に、音や匂いなどそれぞれの出来事の情報に対して選択的に活動する細胞が存在することを発見した。これをイベント細胞と名付け、海馬のイベント細胞は出来事の内容の情報をその活動の強さ（発火率）で表現していることがわかった。つまり海馬の個々の神経細胞は、その活動の強さによって出来事の内容を表現し、その活動のタイミング

によって出来事の順序を表現していることが明らかになった。つまり、記憶エングラムの活動は、情報の組み合わせである文脈のアイデンティティに素早く反応する。海馬には位置情報を保存する場所細胞とは別に、文脈情報を保存する記憶エングラムが存在しているという。これは、海馬が記憶エングラムの活動を通してエピソード記憶のインデックス機能を持っていることを示している（理化学研究所・同志社大学 2017）。

　このように、エングラム細胞による海馬から大脳皮質への記憶転送やインデックス的な文脈情報を保存する仕組みが海馬にあることなど、脳科学研究において言えば、エピソード記憶を担う海馬のメカニズムは、今もなお神経科学の大きな謎とされている。

## 3-6 自伝的記憶と知覚する距離

　さらに記憶分野、マーケティング分野、脳科学分野だけでなく、文化人類学分野の視点からも考察してみたい。2020年、新型コロナウイルスによって世界中の人々の行動が規制されて生活様式が変わり、テレワークや EC がより加速し、以前よりも SNS をはじめとしたデジタル・コミュニケーションが進展した。その結果、顧客は多くの情報とつながる一方で、孤独を感じることも増えている。リアルに人が出会い、同じ場や時間を共有することの意味を再認識させられた人も多いだろう。

　そうした中でも、人々の自伝的記憶は日々多くの情報にさらされ、主観的な真理性によって新たに記憶を塗り替えている。前章までの先行研究で確認したように、記憶と感情は連動している。人間の生物学的な視点からも、人間とモノ、文化との関係性を考えてみる必要がある。また、その外部環境である空間的概念も加えたい。

　人間の進化は遠距離感覚器の発達に特徴があるとされている（Hall 1970）。その中でも特に重要なのは視覚と聴覚であると言われている。何らかの感情を持つことで顔を赤らめたり、汗をかいたりするフィジカルな反応だけでなく、そこにはメンタルな感情が関与している。人間にはメンタルの状態をフィジカルな反応に切り替える装置が内在しているということになる。とりわけ Hall（1970）は、文化人類学者であるが、知覚と文化の関係に関心をよせている学者の一人である。Hall は文化人類学の一分野である"近接学"という観点から、空間そのものや人間同士の距離感が個人や文化にいかなる影響を与えるのかを考察している。

　Hall が言う造語に"プロクセミックス（proxemics）"がある。プロクセミ

ックスは"知覚文化距離"とでも言えばよいだろうか。プロクセミックス理論とは人の個人的距離や社会的距離に関する理論である。その中でHallは、生物学的視点から、視覚・聴覚・嗅覚などの五感がその空間でどのように反応するのかを論じている。例えば、人は満員電車に慣れることはない。これは当然で見ず知らずの人と一定の距離をとりたい人間のなわばり意識の表れである。混み合いのストレスによって共食いや自殺行為などの異常な行動に出るシカやネズミの事例から、空間が生物にとっていかに重要な意味を持つかを示しているのである。Hallは、人間も動物的本能に根ざしていることを前提としている。

　Hallは、人間を取り巻く"なわばり"は、4つの距離として①密接距離、②個体距離、③社会距離、④公衆距離によって構成されていると仮定した。①密接距離とは親密・接触・恋人ゾーンで、愛撫や格闘を成立させるプロクセミックスかつ心身共に触れ合える距離である。ここでは慰撫と保護、あるいはその逆の嫌悪と排除という感情が芽生える。これをHallは"エルボーディスタンス"と呼び、人間の肘の距離となるすなわち45cm以内によって感覚されていると示している。

　②個体距離は45cm〜120cmで、人間が個人を感じられるギリギリの距離かつ対人・プライベート・友人ゾーンで手を伸ばせば触れることも可能な距離である。ここでは自己と他者を隔てて区別する。つまり今、"ソーシャルディスタンス"と言われている約2mはこの考え方に則している。③社会距離は120cm〜360cmで、社会的・フォーマル・知人ゾーン、すなわち人間関係は成立するが、細かい表情は見えない距離である。最後に④公衆距離は360cm以上の公的・大衆ゾーンで、相手と個人的関係は成立しない距離である。

　Hallの"プロクセミックス"から示唆されるのは、ブランドと消費者との距離を人間の"なわばり"として捉えた場合、ブランドの長期育成を行うた

めには①密接距離もしくは②個体距離の“プロクセミックス”を理解してお
く必要があるということである。人間の“なわばり”を“愛着”の距離と捉
えれば①密接距離がロイヤルティーの高い距離となる。

　デプス調査などで対象者に現使用ブランドと消費者の心理的距離感を確認
する設問を投げかけると、愛着のあるブランドの場合の関係性は、まるで家
族や親友のような親密な関係だと表現されることが多い。それは他に代替す
ることのできない存在である。また Park, MacInnis, and Priester（2006,
2009）は、ブランドに対する愛着（ブランド・アタッチメント）が、ブラ
ンド・リレーションシップの強力な心理学における促進要因であると主張し
ている。そもそもアタッチメント（愛着）概念に関する理論は、心理学者で
ある Bowlby によって提唱されている。Bowlby（1968, 1973）は、アタッチ
メント（愛着）の定義を「人と特定対象間における、感情を伴った対象特定
的な心の絆（bond）」としている。また Goldberg（2000）は、自分が誰かか
ら保護してもらえているという安全基地としての信頼感がアタッチメント
（愛着）の本質的要素であるとしている。

　また唯一無二で家族や親友、恋人のように自分にとって代替の利かない状
態である心の絆がブランド愛着であれば、ブランドと消費者との間に存在す
る距離としての“プロクセミックス”と心理的距離とはどういう関係がある
かを考える必要がある。つまり、この考え方自体が顧客との接点となるカス
タマージャーニーや UX、CX の構築へと進化していくことになる。

　このように、人とモノあるいは人と空間の間には、ブランド・アイデンテ
ィファイアや製品力などの有形的な事実だけでなく、情緒的・空間的な無形
的要素が存在するという仮説が成り立つ。生物学的視点から見れば、視覚・
聴覚・嗅覚などの五感や時間がその空間でどのように反応するのかが“プロ
クセミックス”や心理的距離に影響するからである。情緒的・空間的な要素
に関する研究もブランド論に援用することができる。

"ブランドストーリーは原風景からつくる"とは、一体どういうことなのか、前半部分ではブランド研究から始まり、記憶、脳科学、近接学などさまざまな角度から先行研究を中心に説明してきた。脳科学においては記憶がどのように長期記憶として貯蔵され、どんな手がかりによってその記憶を現在に呼び戻しているのか、その明確なメカニズムはまだ謎に包まれている。

　しかし、消費者の頭の中には記憶が存在しており、その記憶がブランド購入に影響を与えているのは事実である。現在、プロダクトアウトではなく消費者インサイトの重要性、消費者視点という考え方も芽生え始め、その方法論として D2C や OMO への注目も大きい。さらに ESG 経営のようにブランドの基本的な意義を改めて見直し、モノを売ることが主目的ではなく、人の行動変容を促し持続可能な新しいコミュニティーを誕生させていくことなど、ブランドの役割が発展し続けている。併せて自伝的記憶の研究やデータ採取は今後 DX の進化によって容易になり、海馬とエピソード記憶の関わり合いもさらに深まるだろう。

　そのような状況の中で、消費者における自伝的記憶の観察は今後のチャネル変革や新たなコミュニティーの構築において、未来へ向けた大きな足掛かりとなると考えている。次章では、実際に消費者インタビューを行い自伝的記憶がブランドの長期育成にどのような影響を与えているのかについて、独自調査を行った結果を紹介する。

# 4章

## 自伝的記憶とブランドの消費者インタビュー調査

## 4-1 インタビュー概要

　今まで述べてきた上で、自伝的記憶が購買におけるブランドの長期育成にどのように影響するのか、消費者対象の非構造化深層インタビュー調査を独自に行った。調査概要は図表13の通りである。調査では、現在購買している製品ブランドに関する自伝的記憶に関して自由に発言してもらった。質問項目としては次の7項目を用意した。（1）長期購入、（2）記憶の獲得条件、（3）記憶のイメージ、（4）最近の購買状況、（5）自分とブランドの関係性、（6）知覚された製品力、（7）ブランド・アイデンティファイアの7項目である（図表14）。

**図表 13　非構造化深層インタビュー調査概要**

【調査期間】2017 年 8 月 1 日～12 月 8 日、計 463 分
【参加者】20 代～40 代　男女 19 名（男性　20 代 4 名、30 代 6 名、40 代 4 名、計 14 名／女性　20 代 1 名、30 代 2 名、40 代 2 名、計 5 名）
【テーマ】現在購買している製品ブランドに関する自伝的記憶について

（出所）筆者作成

　さらにすべて録音してテープ起こしを行い、自伝的記憶として連想される商品・企業ブランドや使用場面、関連する人物などについて、キーワードの出現回数を測定した（74 ページの図表15）。 さらに図表16では、19名の対象者が発言したブランドに関する記憶について、先行研究のレビューを参考に、4つの自己における記憶（個人的記憶・概括的な個人的記憶・自伝的事実・自己スキーマ）に分類した。

　これらの分析の結果、次の3点が明らかになった。第1に、1回の経験に

**図表 14　非構造化深層インタビュー調査のインタビュー項目**

| 設問 | 質問内容 |
|---|---|
| 1. 長期購入について | 現在、長期的に購入している商品ブランドは？<br>初めて購入したきっかけは？ |
| 2. 記憶の獲得条件について | その商品ブランドにどんな思い出があるのか？<br>その記憶は、1 回か、複数回か？ |
| 3. 記憶のイメージについて | その記憶はどこで起きたことなのか？<br>その記憶の登場人物はどんな人か？　その記憶はいつ起きたのか？<br>その記憶によってどんな情景や雰囲気が思い出されるのか？<br>その記憶で思い出せる、香りや音、味、視覚、感覚などはあるか？<br>その記憶でどんな感情を思い出すのか？<br>その記憶でどんなイメージを思い出すのか？ |
| 4. 最近の購買状況について | 現在、どこでその商品ブランドを買っているのか？<br>購入頻度はどのくらいか？　使用状況は？<br>そのブランドを買う時に過去の記憶は思い出すのか？<br>どんな時にその製品ブランドを購入しようと思うのか？ |
| 5. 自分とブランドの<br>関係性について | 現在における、その記憶の印象度の強さは？(10 段階 )<br>自分と商品ブランドとの距離感を例えると？<br>それは、どのような自己との関係か？ |
| 6. 知覚された製品力に<br>ついて | 製品そのものについての情報は？<br>特徴や機能、成分など詳しく教えてください。 |
| 7. ブランド・アイデンティ<br>ファイアについて | 商品ブランドの一番印象的な要素は何か？<br>ネーミング、ロゴ、パッケージ、形状など何か要素で思い出される<br>ものはあるのか？ |

（出所）先行研究のレビューを基に筆者作成

基づく個人的記憶でその場面を鮮明に覚えているということ。第2に、概括
的な個人的な記憶として複数の類似の経験から構成された自己のイメージで
空間やシーンを想起できるということ。そして第3に、複数の経験から自己
スキーマとして抽象化された自己に関する知識を持っているということであ
る。

| | 年 | 性 | カテゴリー | 数 | ブランド | 数 | 登場人物 | 数 | 空間・時間 | 数 | その他 | 数 |
|---|---|---|---|---|---|---|---|---|---|---|---|---|
| 1 | A | 20 | 男 | 歯ブラシ<br>卵かけご飯<br>歯ブラシ | 3<br>3<br>2 | ナイキ<br>ソニー<br>シュプリーム<br>正田醤油<br>任天堂<br>TSUBAKI | 5<br>5<br>3<br>2<br>2<br>2 | 家族<br>母親 | 3<br>3 | 一人暮らし<br>居間<br>音楽 | 5<br>2<br>2 | 香り | 2 |
| 2 | B | 20 | 男 | 釣り<br>籠<br>お菓子 | 4<br>3<br>3 | ファミマ<br>ミニストップ<br>シーチキン<br>シマノ<br>ファミチキ | 9<br>5<br>4<br>3<br>3 | ばあちゃん<br>彼女 | 5<br>3 | 高校<br>部活<br>帰り | 4<br>4<br>3 | | |
| 3 | C | 20 | 男 | お菓子<br>塩気<br>勉強 | 5<br>4<br>3 | じゃがりこ<br>ポテトチップス<br>ユニクロ | 13<br>4<br>2 | 彼女<br>キャラクター | 2<br>2 | 高校<br>教室<br>放課後<br>廊下<br>部活 | 2<br>2<br>1<br>1<br>1 | サラダ<br>幸せ<br>信頼<br>シェア | 2<br>2<br>1<br>1 |
| 4 | D | 20 | 男 | 消しゴム<br>勉強<br>シャーペン<br>筆箱<br>コンビニ | 7<br>5<br>3<br>2<br>2 | MONO<br>無印 | 5<br>2 | 先生 | 3 | 高校<br>受験勉強<br>教室 | 3<br>2<br>2 | 無音<br>必死<br>白い<br>黒い | 2<br>1<br>1<br>1 |
| 5 | E | 20 | 女 | ウェア<br>グランドピアノ<br>洋服 | 3<br>3<br>2 | ナイキ<br>アディダス<br>ヤマハ | 8<br>2<br>2 | 姉妹 | 2 | 大学生<br>小学校<br>音楽教室<br>アウトレット<br>展覧会<br>青山<br>発表会 | 2<br>2<br>3<br>2<br>2<br>2<br>2 | 機能 | 2 |

| | 年 | 性 | カテゴリー | 数 | ブランド | 数 | 登場人物 | 数 | 空間・時間 | 数 | その他 | 数 |
|---|---|---|---|---|---|---|---|---|---|---|---|---|
| 6 | F | 男 | 風邪<br>うがい<br>手洗い<br>自然 | 4<br>3<br>2<br>2 | イソジン<br>鼻セレブ | 8<br>6 | アザラシ<br>クラスメイト<br>母親 | 2<br>2<br>2 | 小学校<br>農場<br>授業<br>海外<br>吉祥寺 | 3<br>2<br>2<br>2<br>2 | 動物福祉<br>孤独 | 3<br>2 |
| 7 | G | 男 | | | スーパードライ<br>アップル<br>ソニー<br>ウォークマン | 10<br>7<br>5<br>3 | お兄ちゃん<br>おじいちゃん<br>お父さん | 4<br>3<br>2 | | | CM | 5 |
| 8 | H | 男 | サプリ<br>パッケージ | 2<br>2 | しそかつおにんにく<br>片山食品 | 10<br>1 | お姉ちゃん<br>家族 | 6<br>4 | 冷蔵庫<br>ご飯<br>高校生<br>深夜<br>キッチン<br>電気<br>リビング | 3<br>3<br>2<br>2<br>2<br>1<br>1 | 暗い<br>美味しい<br>白い | 5<br>3<br>2 |
| 9 | I | 男 | スポーツ<br>NBA<br>カード<br>スパイク | 9<br>3<br>3<br>2 | ナイキ<br>アシックス<br>スラムダンク<br>ポテトチップス<br>エアジョーダン | 16<br>5<br>5<br>5<br>4 | 従兄弟<br>親友 | 4<br>2 | 陸上(競技)<br>ショップ<br>バスケ<br>小学校<br>部屋 | 7<br>5<br>4<br>3<br>3 | 格好いい<br>デザイン<br>良い<br>欲しい | 8<br>5<br>9<br>2 |
| 10 | J | 男 | ローズヒップティー<br>化粧品<br>ビタミンC | 8<br>3<br>3 | エンハーブ<br>八海山甘酒<br>伊勢丹 | 7<br>5<br>4 | 店員<br>母親 | 2<br>2 | 毎日<br>ポット<br>中学生<br>肌が弱い<br>皮膚科<br>本 | 4<br>3<br>3<br>2<br>1<br>1 | 抗酸化<br>良い<br>ビタミンの爆弾<br>中から変える<br>調べる | 7<br>3<br>3<br>2<br>1 |
| 11 | K | 男 | | | キンカン<br>ムヒ<br>味ぽん<br>マキロン<br>ミツカン | 17<br>5<br>3<br>2<br>2 | 奥さん<br>おばあちゃん | 4<br>2 | 虫刺され<br>質屋<br>怪我<br>茨城県<br>物置 | 2<br>2<br>2<br>1<br>1 | 痛い<br>茶色<br>臭い<br>強い | 5<br>3<br>1<br>1 |
| 12 | L | 女 | お菓子 | 2 | アーモンドチョコ<br>明治 | 7<br>2 | おじいちゃん<br>おばあちゃん<br>家族<br>従業員 | 5<br>3<br>2<br>2 | 休み<br>土日<br>年末年始<br>小学校<br>お昼<br>繁忙<br>シクラメン<br>倉庫<br>駐車場 | 3<br>3<br>3<br>2<br>2<br>2<br>2<br>2<br>2 | 茶色<br>寂しい | 2<br>6 |
| 13 | M | 女 | スキンケア<br>マスカラ<br>化粧水 | 6<br>7<br>2 | ランコム | 10 | 店員<br>お姉さん | 3<br>3 | カウンター<br>百貨店<br>メイク | 4<br>4<br>3 | マーク<br>新しい<br>セリフ<br>良い<br>シンプル | 4<br>4<br>3<br>3<br>3 |

| | | 年 | 性 | カテゴリー | 数 | ブランド | 数 | 登場人物 | 数 | 空間・時間 | 数 | その他 | 数 |
|---|---|---|---|---|---|---|---|---|---|---|---|---|---|
| 14 | N | 40 | 男 | 醤油<br>薄口<br>ラーメン<br>スープ | 4<br>3<br>2<br>2 | カップヌードル<br>ヒガシマル<br>スーパードライ<br>アニエスベー | 4<br>4<br>3<br>2 | 親父 | 2 | 小学校<br>スーパー<br>大学<br>踏切<br>電車 | 3<br>3<br>2<br>2<br>2 | パッケージ | 3 |
| 15 | O | 40 | 男 | ノート<br>わら半紙<br>鉛筆 | 8<br>6<br>6 | 無印<br>グンゼ<br>ジャンプ放送局 | 9<br>7<br>2 | 先生 | 5 | 小学校<br>CD<br>ネタ<br>感覚<br>質感 | 3<br>2<br>2<br>2<br>2 | 無音<br>描く<br>良い | 5<br>2<br>2 |
| 16 | P | 40 | 男 | 会社 | 5 | カップヌードル<br>カップスター<br>グリーンラベル<br>サッポロ一番 | 14<br>5<br>4<br>4 | カミさん | 3 | おにぎり<br>夜勤<br>バイト<br>土日<br>早稲田<br>現場<br>ダクト<br>タバコ | 4<br>4<br>3<br>3<br>3<br>3<br>2<br>2 | 淡い<br>匂い | 5<br>2 |
| 17 | Q | 40 | 男 | ネット<br>ヨーグルト<br>ゴルフ<br>財布<br>カバン | 3<br>4<br>2<br>2<br>2 | ルマンド<br>アロエヨーグルト<br>オロナイン<br>カルピス<br>マザーハウス<br>ブルドックソース | 8<br>3<br>2<br>2<br>2<br>2 | おふくろ | 2 | 横浜<br>小学校<br>冷蔵庫 | 3<br>3<br>2 | | |
| 18 | R | 40 | 女 | コーヒー牛乳<br>マンゴー<br>豆乳バナナ | 4<br>4<br>2 | 紀文<br>雪印<br>宮崎 | 4<br>4<br>2 | 家族 | 3 | 会社<br>団地<br>贈り物 | 3<br>3<br>2 | | |
| 19 | S | 40 | 女 | 焼肉<br>洗剤<br>化粧品 | 4<br>2<br>2 | アタック<br>エバラ黄金のたれ | 4<br>2 | 実家 | 2 | バーベキュー<br>キャンプ | 3<br>2 | 安心 | 2 |

（出所）インタビューデータを基に筆者作成

## 図表 16 対象者別の対象ブランドと自己における記憶の分類

| | 対象 | 年代 | 性別 | 製品カテゴリー | 分類 | 企業ブランド | 商品ブランド | 自己における記憶 | | | | |
|---|---|---|---|---|---|---|---|---|---|---|---|---|
| | | | | | | | | 1回の個人的記憶 | 概括的な個人的記憶 | 自伝的事実 | 自己スキーマ | 不明 |
| 1 | A | 20 | 男 | アウター | 衣類 | シュプリーム | シュプリーム | ○ | | | | |
| 1 | A | 20 | 男 | シャンプー/リンス | 日用品 | 資生堂 | TSUBAKI | | ○ | | | |
| 2 | B | 20 | 男 | コンビニ | 食品 | ファミリーマート | ファミチキ | | ○ | | | |
| 3 | C | 20 | 男 | スナック菓子 | 菓子 | カルビー | じゃがりこ | | ○ | | | |
| 4 | D | 20 | 男 | 消しゴム | 文具 | トンボ鉛筆 | MONO | ○ | ○ | | | |
| 5 | E | 20 | 女 | スポーツ用品 | 衣類 | ナイキ | ナイキ | | | | ○ | |
| 6 | F | 30 | 男 | のど薬 | 医薬品 | ムンディファーマ | イソジン | | | | ○ | |
| 7 | G | 30 | 男 | 酒 | ビール | アサヒビール | スーパードライ | | ○ | | | |
| 8 | H | 30 | 男 | 漬物 | 食品 | 片山食品 | しそかつおにんにく | | ○ | | | |
| 9 | I | 30 | 男 | スポーツ用品 | 衣類 | ナイキ | ナイキ | ○ | ○ | | | |
| 10 | J | 30 | 男 | ハーブ紅茶 | 食品 | エンハーブ | ローズヒップティー | | | | ○ | |
| 11 | K | 30 | 男 | 皮膚用薬 | 医薬品 | 金冠堂 | キンカン | | ○ | | | |
| 12 | L | 30 | 女 | チョコレート | 菓子 | 明治 | アーモンドチョコレート | | ○ | | | |
| 13 | M | 30 | 女 | マスカラ | 化粧品 | ランコム | ランコム | | ○ | | | |
| 14 | N | 40 | 男 | 即席めん | 食品 | 日清食品 | カップヌードル | ○ | ○ | | ○ | |
| 14 | N | 40 | 男 | ボーダーシャツ | 衣類 | アニエスベー | アニエスベー | ○ | | | | |
| 15 | O | 40 | 男 | ノート | 文具 | 無印良品 | らくがき帳 | | | | ○ | |
| 16 | P | 40 | 男 | 即席めん | 食品 | 日清食品 | カップヌードル | | ○ | | | |
| 17 | Q | 40 | 男 | クッキー | 菓子 | ブルボン | ルマンド | | ○ | | | |
| 18 | R | 40 | 女 | コーヒー牛乳 | 飲料 | 雪印メグミルク | 雪印コーヒー | | ○ | | | |
| 19 | S | 40 | 女 | たれ | 調味料 | エバラ | 黄金の味 | | ○ | | | |

（出所）インタビューデータを基に筆者作成

## 4-2　1回の経験に基づく個人的記憶

　図表16の自己における記憶の分類に基づき、インタビュー内での自伝的記憶の詳細を紹介する。まず1回の経験に基づく個人的記憶である。その場面を鮮明に覚えている事項として、対象者から次のような発言があった。

　　　「シュプリーム」。最初に買ったのはパーカーなんですけど、地元の神奈川から出てきて朝6時から原宿のお店で並んでいたら店からすっごい悪そうな店員が出てきて、店に入っても、きちんと「ありがとうございます」も言わないし、めちゃめちゃ態度悪いし、怖かったけど、それがなぜか癖になってしまいました。2008年とか2009年の時のことです。自分が18歳の頃。（対象者A：男性20代）

　この対象者の個人的記憶に関する内容をまとめたものが図表17の（1）である。企業ブランドは「シュプリーム」、登場人物は怖そうな店員である。18歳の頃、怖かったけれども、無性にドキドキした情緒的な記憶も存在している。また、朝6時から原宿のお店に並んでいたら悪そうな店員が出てきたという鮮明でかつ時間的、空間的な記憶が「シュプリーム」というブランドに内包されている。
　同様に、対象者Nである40代男性は、1回の経験に基づく個人的記憶として、「アニエスベー」の思い出を述べている。

　　　高校の時から「アニエスベー」の太いボーダーのシャツを着ていて、今ではもう4代目とか5代目です。買ったのはボーダーシャツ。最初に購入した時、"アニエスビー"ってずっと言っていて、それを「アニエスベー」と店員に訂正されたのが鮮明に覚えている思い出です。恥ずかしかった。その当時、おしゃれに見えていて、なんだかフランスの薫り

**図表 17　1 回の経験に基づく個人的記憶の事例**

(1) 対象者 A

| 対象 | 年代 | 性別 | 製品カテゴリー | 分類 | 企業ブランド | 商品ブランド | 自己における記憶 | | | | |
|---|---|---|---|---|---|---|---|---|---|---|---|
| | | | | | | | 1回の個人的記憶 | 概括的な個人的記憶 | 自伝的事実 | 自己スキーマ | 不明 |
| 1 | A | 20 | 男 | アウター | 衣類 | シュプリーム | シュプリーム | ◯ | | | | |

| シュプリームにおける自伝的記憶 | |
|---|---|
| 登場人物 | 挨拶しない悪そうな店員 |
| 感情五感 | 怖い、人に媚びずに生きている人への憧れ、シュプリームのお香、ナグチャンパという香り |
| 空間 | 原宿のお店、店先に並ぶ |
| 時間 | 18 歳頃、朝 6 時 |
| その他 | 春秋ごとに 3 つずつアイテムを買っていた、高校生から大学 3 年 |
| 自伝的記憶の印象度（10 段階） | 8 |

| 現在の購買行動と知覚 | |
|---|---|
| 購買チャネル | 公式オンライン、ヤフオク、年に 1 回買うか買わないか。<br>なぜなら、他の人が着るようになった。有名人が着ているので冷めてきた |
| アイデンティファイア | 赤いロゴ、ゴアゴアしている |
| 知覚製品力 | 洗練されたやんちゃ服、ヤンキー文化のある服、スケートボード用の服 |
| 自己とブランドの距離感 | もう一人の自分、正反対の自分。<br>あらゆるものに中指を立て続けている反逆的なブランドだから |

（出所）インタビューデータを基に筆者作成

　がしました。ちょうどその当時はイタリアのセクシーな服が流行り始め
ていて、それは自分のスタイルとはなんか違うと思ってたので「アニエ
スベー」の方が受け入れられました。（対象者 N：男性 40 代）

　80 ページの図表17（2）で示したように、登場人物はアパレル店員であ
る。フランスっぽいおしゃれさを持った当時の情緒的な記憶も残っている。
高校 2 年生の時、店舗で店員にブランド名を訂正されたことが個人的記憶と
して鮮明に存在し、対象者の記憶の中で時間的および空間的な要素が存在し
ている。高校時代と大学時代は「アニエスベー」を購入していたが、現在は
かつてのような強いつながりはなく、ニュートラルな存在かつ旧友のような
関係で、会ったら仲良くできるというブランドとの距離感を保っていた。

(2) 対象者 N

| 対象 | | 年代 | 性別 | 製品カテゴリー | 分類 | 企業ブランド | 商品ブランド | 自己における記憶 | | | | |
|---|---|---|---|---|---|---|---|---|---|---|---|---|
| | | | | | | | | 1回の個人的記憶 | 概括的な個人的記憶 | 自伝的事実 | 自己スキーマ | 不明 |
| 14 | N | 40 | 男 | ボーダーシャツ | 衣類 | アニエスベー | アニエスベー | ○ | | | | |

| アニエスベーにおける自伝的記憶 | |
|---|---|
| 登場人物 | 店員 |
| 感情五感 | フランスの薫り、おしゃれな気分、恥ずかしい思い出 |
| 空間 | アニエスベーの店舗、神戸三宮のお店 |
| 時間 | 高校2年生 |
| その他 | 店舗で、アニエスビーと呼び間違えていたこと。高校時代と大学時代はずっとアニエスベーだった |
| 自伝的記憶の印象度（10段階） | 8 |
| 現在の購買行動と知覚 | |
| 購買チャネル | アニエスベーの店舗、数年に一度、擦り切れたら家着になる |
| アイデンティファイア | 白と黒のボーダー |
| 知覚製品力 | ニュートラルな感じがある、今は普通、よそ行きな感じもしない |
| 自己とブランドの距離感 | 常にコンタクトは取らない古い友達、たまたま会うと仲良く話ができる旧友 |

（出所）インタビューデータを基に筆者作成

　以上のように、1回の経験に基づく個人的記憶で、自分の失敗談や感情によってその場面を鮮明に覚えている場合、10段階評価でも自伝的記憶の印象度として強いものになっている。しかしその一方で、今では自己とブランドの距離感は「正反対の自分」「古い友達」のように遠く、ブランドの長期育成に貢献しているとは言えない。インタビューの中でも1回の経験に基づく個人的記憶は、相当な出来事がない限り思い出されることがなかった。

## 4-3 概括的な個人的記憶

　次に概括的な個人的記憶の例として、図表16に示した対象者4名の事例を順番に見ていくことにする。最初は82ページの図表18（1）の対象者Aである。

　　　シャンプーの「TSUBAKI」は発売の頃から使っています。居間で母親が髪をドライヤーで乾かしている時の香りが好きで、家族の団欒の時にその匂いがしていて、それがとても心地よい思い出として残っています。今でも「TSUBAKI」に対しての気持ちは、高め安定です。ファッションみたいなものは、誰かが着てたとかで、自分以外の不確定要素で変動するじゃないですか。でもシャンプーは自分の思い出だし、個人的なことなので変わらない。最近はドラッグストアだけでなく、Amazonで買うこともあります。購入する色は赤や白。香りが良いから試してみたらと友人に勧めたこともあります。「TSUBAKI」の存在は僕にとって母親みたいな存在なのかもしれません。（対象者A：男性20代）

　このように、対象者Aには情緒的記憶や空間的記憶が強く存在している。「TSUBAKI」の匂いは母親の香りであり、対象者Aの記憶の中には匂いとともに家族のとても良い時間が想起されている。ブランド・アイデンティファイアに色彩の要素が出ていないのは、製品の香りが重要視されている証拠である。対象者Aには「TSUBAKI」に対してプルースト現象が生じている。対象者Aの母親はすでに他界しており、「TSUBAKI」の情緒的記憶や空間的記憶が母親の追憶の手がかりになっていることが自己とブランドの距離感に表れている。

**図表 18 概括的な個人的記憶の事例**

(1) 対象者 A

| 対象 | 年代 | 性別 | 製品カテゴリー | 分類 | 企業ブランド | 商品ブランド | 自己における記憶 | | | | |
|---|---|---|---|---|---|---|---|---|---|---|---|
| | | | | | | | 1回の個人的記憶 | 概括的な個人的記憶 | 自伝的事実 | 自己スキーマ | 不明 |
| 1 | A | 20 | 男 | シャンプー／リンス | 日用品 | 資生堂 | TSUBAKI | | ○ | | | |

| TSUBAKI における自伝的記憶 | |
|---|---|
| 登場人物 | 母親 |
| 感情五感 | TSUBAKI の匂いが好き。風呂上がりに居間に広がる匂い、心地よい思い出 |
| 空間 | 食後、居間での家族団欒、母親がドライヤーで髪を乾かしている |
| 時間 | 就寝前 |
| 自伝的記憶の印象度（10 段階） | 7 |
| 現在の購買行動と知覚 | |
| 購買チャネル | ドラッグストアで購入、最近は Amazon が安いので購入 |
| アイデンティファイア | 香り、ボトルの形状、髪のリング、CM |
| 知覚製品力 | 香りがめちゃくちゃ良い |
| 自己とブランドの距離感 | 母親のような存在 |

（出所）インタビューデータを基に筆者作成

　さらに、図表18（2）の対象者Cも概括的な個人的記憶の事例である。登場人物は当時の彼女で、情緒性として優しい気持ちを感じている。空間的な記憶としては、放課後の教室で一つの「じゃがりこ」を彼女とシェアしながら食べているイメージが鮮明に描かれている。校庭から聞こえる部活動の声、誰かが教室に入ってくるかもしれないという廊下の靴音も2人だけで教室にいる緊張感となって空間的記憶となっている。対象者Cにとって、現在の購入時にはこの自伝的記憶は必ずしも思い出されるものではないとしながらも、週3回「じゃがりこ」を購入するリピーターである。また、気づいたらそばにいるような信頼できる友達、という自然体な関係性が「じゃがりこ」と構築できている。「じゃがりこ」は、人とシェアする食べ物という認識がヒューマンスケールであり、情緒的記憶と空間的記憶によって構築されていることがうかがえる。

(2) 対象者C

| | 対象 | 年代 | 性別 | 製品カテゴリー | 分類 | 企業ブランド | 商品ブランド | 自己における記憶 | | | | |
|---|---|---|---|---|---|---|---|---|---|---|---|---|
| | | | | | | | | 1回の個人的記憶 | 概括的な個人的記憶 | 自伝的事実 | 自己スキーマ | 不明 |
| 3 | C | 20 | 男 | スナック菓子 | 菓子 | カルビー | じゃがりこ | | ○ | | | |

| じゃがりこにおける自伝的記憶 | |
|---|---|
| 登場人物 | 高校時代の彼女 |
| 感情五感 | 校庭から聞こえる部活の声、廊下から聞こえる足音、優しい気持ち |
| 空間 | 2人だけの放課後の教室、一つのじゃがりこをシェアしながら食べている |
| 時間 | 高校2年生、勉強している時間 |
| 自伝的記憶の印象度（10段階） | 5 |
| 現在の購買行動と知覚 | |
| 購買チャネル | 近所のスーパーで購入、平均週3回 |
| アイデンティファイア | カップの形状、緑色のパッケージ、長い、キリンのイラスト |
| 知覚製品力 | ジャガイモをすりつぶしたもの、長くてカリカリ揚げてある |
| 自己とブランドの距離感 | 気づいたら側にいるけど、要らない時は離れている信頼できる友達 |

（出所）インタビューデータを基に筆者作成

　　「じゃがりこ」は小学生の時から。思い出として一番印象が強いのは高校2年生の時。場所は放課後の教室。付き合っていた彼女と教室で「じゃがりこ」を食べながら勉強していた。彼女と「じゃがりこ」をシェアしていました。いつも塩っ気のあるものと甘いものがありましたね。その時、外から部活している声が聞こえたり、廊下を通る足音に反応したり。その時間はしあわせなオーラがあったかな。その教室の空間に2人でいたから。マイナスのことがないしあわせなイメージなのかな？　今、スーパーで「じゃがりこ」を見ても毎回、その高校の時の話は思い出さないけど、たまに、誰かと一緒に「じゃがりこ」をシェアして食べていると時々思い出してしまう。「じゃがりこ」は、僕にとって信頼できる友達みたいな関係かな。気づいたら側にいるけど、要らない時はちゃんと離れていてくれるような存在です。（対象者C：男性20代）

(3) 対象者 G

| | 対象 | 年代 | 性別 | 製品カテゴリー | 分類 | 企業ブランド | 商品ブランド | 自己における記憶 | | | | |
|---|---|---|---|---|---|---|---|---|---|---|---|---|
| | | | | | | | | 1回の個人的記憶 | 概括的な個人的記憶 | 自伝的事実 | 自己スキーマ | 不明 |
| 7 | G | 30 | 男 | 酒 | ビール | アサヒビール | スーパードライ | | ○ | | | |

| アサヒスーパードライにおける自伝的記憶 | |
|---|---|
| 登場人物 | おじいちゃん、お父さん |
| 感情五感 | 仕事から帰ってきた父親の横に座る、ちょっとだけ泡をもらったうれしさ |
| 空間 | 台所とつながっているダイニング、愛用のビールグラス |
| 時間 | 年末年始やお盆などの人が大勢家に集まる時、小学生、父親が帰ってきた時 |
| 自伝的記憶の印象度（10段階） | 5 |
| 現在の購買行動と知覚 | |
| 購買チャネル | 近所のコンビニエンスストア |
| アイデンティファイア | 350mlで銀色、Asahiと書いてあるアルファベット |
| 知覚製品力 | 辛口でさっぱり、ガシッとした味 |
| 自己とブランドの距離感 | 先輩のような絶対的な存在 |

（出所）インタビューデータを基に筆者作成

　同様に、図表18（3）も概括的な個人的記憶の事例である。対象者Aは母親の存在感が情緒的記憶として構築されていたが、対象者Gの場合は、父親と祖父が思い出されている。その登場人物がブランドとの距離感や知覚された製品力にも表れている。自伝的記憶の印象度は低いものの、ブランドとの距離感は密接で強い関係性を築いている。特にインタビューの中で対象者Gは「アサヒスーパードライ」に対して、強さだけでなく、父親のような安心感や包容力を感じていることが分かった。

　　「アサヒスーパードライ」です。小学校の頃、お父さんとおじいちゃん
　　が飲んでいて、いつも冷蔵庫にあるものでした。お父さんにちょっとだ
　　けビールの泡をもらってました。おじいちゃんは、いつも瓶ビールを飲

(4) 対象者 L

| 対象 | 年代 | 性別 | 製品カテゴリー | 分類 | 企業ブランド | 商品ブランド | 自己における記憶 | | | | |
|---|---|---|---|---|---|---|---|---|---|---|---|
| | | | | | | | 1回の個人的記憶 | 概括的な個人的記憶 | 自伝的事実 | 自己スキーマ | 不明 |
| 12 | L | 30 | 女 | チョコレート | 菓子 | 明治 | アーモンドチョコレート | | ○ | | | |

| 明治アーモンドチョコレートにおける自伝的記憶 | |
|---|---|
| 登場人物 | おじいちゃん、おばあちゃん |
| 感情五感 | 相手にしてもらえなくて寂しい |
| 空間 | 生花店のバックヤード、倉庫の近くに駐車場、花がいっぱい並んでいる、広場で遊んでいた、シクラメンが咲いていた、従業員とかも自由に取れる菓子置き場 |
| 時間 | 年末年始、週末、一番の繁忙期、お昼の後、冬 |
| その他 | 食べ物はやたらと与えてくれた。土日遊べないのは仕方がないという形で。寂しい顔をしているとおじいちゃんが渡してくれた |
| 自伝的記憶の印象度（10段階） | 6 |
| 現在の購買行動と知覚 | |
| 購買チャネル | 実家なので、家に置いてある |
| アイデンティファイア | 平らな長方形の引き出しのようになっている、デコボコしている段ボールのような紙がかかっている、焦げ茶色、外面のパッケージは写真と上に赤文字のロゴ、ベースは白で文字は赤 |
| 知覚製品力 | たまごみたいな形をしていて、すべすべしているから口に入れると気持ちいい、アーモンドチョコが20個くらい入っている |
| 自己とブランドの距離感 | 寂しい時にひょっと出てくる救世主、寂しいと横にいてくれた感じ |

（出所）インタビューデータを基に筆者作成

んでいて、そのイメージのほうが強い。実家は昔の家だったので台所とダイニングで一部屋になっていた空間でした。お父さんが仕事から帰宅した途端に、僕はお父さんの横に行くんです。コップは透明のグラスだったかな。「アサヒスーパードライ」には、遊びに行った時とか、年末年始やお盆の時とか、家に人が集まる時のイメージがあります。今でも、特別な時に「アサヒスーパードライ」を買っていると思います。僕にとって先輩のような絶対的な存在です。大切な時、気持ちが変わるタイミングはやっぱりこのブランドを選びます。（対象者 G：男性30代）

さらに図表18（4）の対象者 L は、「明治アーモンドチョコレート」に対する概括的な個人的記憶を次のように述べている。

うちは自営業で、曽祖父の代から生花店をやっていました。家族ぐるみでやっているので、両親も土日は休みじゃなかった。土日は店に行って、おじいちゃんおばあちゃん、私の両親、あと従業員さんがいる状態でした。私がちょっと寂しそうな顔をしているとおじいちゃんが「明治アーモンドチョコレート」を渡してくれました。店の裏に倉庫と駐車場と花がいっぱい並んでいるバックヤードがあって、そこの広場でよく遊んでいました。匂いだと、シクラメンの花。それが年末年始になると一番売り時の花で、冬の長期休みの時に店によくいたので、シクラメンの花がいっぱい並んでいてそれを見ていた思い出があります。あと大通りに面していたので車がよく通っていました。今お店を改装して、ちょっと違う場所に建ててしまったので、今でも古い店をよく思い出します。

（対象者Ｌ：女性30代）

　このように、対象者Ｌは自分が寂しかった時に祖父から与えられていた「明治アーモンドチョコレート」を自伝的記憶として挙げている。空間的記憶にはバックヤードにある倉庫とシクラメンが登場する。生花店の繁忙期である年末年始の冬場である。美しい情景を想像できるが、その真逆の気持ちとして、対象者Ｌの幼少期の寂しさが伝わる。印象的な点として挙げられるのは、ブランド・アイデンティファイアとして、パッケージに関する色だけでなく、引き出し式の箱形状や茶色の中紙にも言及していたこと。概括的な個人的記憶として、箱から何度も引き出してチョコレートを食べるごとに、その段ボールのような柔らかい中紙をしっかりと認識している。ブランドとの距離感についても「明治アーモンドチョコレート」は寂しい時に出てくる救世主であり、対象者にとって特別な存在であることが分かる。

## 4-4　自己スキーマとしての抽象化された記憶

　最後に、複数の経験から自己スキーマとして抽象化された自己に関する知識を持っていると考えられる事例を紹介する。まず図表19（1）の対象者Fの事例である。

　　「イソジン」。ちょうど昨日薬局で買いました。僕は風邪とか引きたくないんで、「イソジン」は子供の頃から家にあってずっと買ってますね。小学生の頃、風邪を引いたり体調を崩したりすることが多くて、手洗いやうがいをしなさいよって母親がよく言って買っていました。実は「イソジン」はどっちかというと悪い思い出です。味が子供にはきついじゃないですか。とは言っても風邪を引くときは引いて、当時は意味ないじゃん！って思ってたんですけど、今ではその味が染みついちゃったというか。「イソジン」でうがいをすると落ち着いてスッキリするみたいなところがあります。「イソジン」と「ミューズ」で手洗いっていうシンプルな組み合わせがあります。最初は、母にやりなさい！と怒られていたのに（笑）。風邪を引くのは嫌だったっていうのもありますね。風邪を引くと、他のクラスメイトは元気に授業に出てるのに、一人、家で寝てるのはすごい孤独でした。休むと次の日学校に行ったときに話についていけなかったりするじゃないですか。（対象者F：男性30代）

　登場人物は母親である。風邪を引くのが嫌で、一人で寝ていることの疎外感や孤独だったという情緒的記憶がある。当時のつらい思い出とともに、母親と子供の会話も登場している。今では安心感やスッキリ感という正の感情に変化しており、また「イソジン」だけではなく、同時に「ミューズ」もブランド想起され、手洗いの習慣シーンが時間的および空間的な記憶として存在している。日常的なことなので印象度は低いが、自己とブランドの距離感

## 図表 19　自己スキーマとして抽象化された記憶の事例

(1) 対象者 F

| 対象 | 年代 | 性別 | 製品カテゴリー | 分類 | 企業ブランド | 商品ブランド | 自己における記憶 | | | | |
|---|---|---|---|---|---|---|---|---|---|---|---|
| | | | | | | | 1回の個人的記憶 | 概括的な個人的記憶 | 自伝的事実 | 自己スキーマ | 不明 |
| 6 | F | 30 | 男 | のど薬 | 医薬品 | ムンディファーマ | イソジン | | | | ○ | |

| イソジンにおける自伝的記憶 | |
|---|---|
| 登場人物 | 母親 |
| 感情五感 | 風邪を引くのが嫌だった、孤独を感じていた、気持ちが落ち着く |
| 空間 | 必ず、イソジンでうがいとミューズで手洗い |
| 時間 | 小学生の頃、学校から帰宅後 |
| 自伝的記憶の印象度（10 段階） | 4 |
| 現在の購買行動と知覚 | |
| 購買チャネル | ドラッグストアで購入、買いすぎてルーティン化 |
| アイデンティファイア | プラスチックのボトル、濃い茶色のまずそうな、赤いキャップ、うがい用の透明カップ、イソジンって薄く買いてある、うがいをしている親子のカバが 2 匹ある。 |
| 知覚製品力 | うがい薬、日々生活をしているとバイ菌が喉に付着しているのを医薬品で洗い落とす |
| 自己とブランドの距離感 | 存在感があって威圧的な感じのする母親 |

（出所）インタビューデータを基に筆者作成

が、"威圧的な感じのする母親"という連想はユニークな表現である。

　さらに図表19（2）の対象者 O においては、「無印良品のらくがき帳」の圧倒的な製品力が際立っている。対象者 O にとって、鉛筆が走る感じが最も重要な要素である。ただし自伝的記憶を探索すると、小学校の先生が作るガリ版の学級新聞へとつながった。学級新聞に描いた絵が授業参観で褒められたことはうれしいことだった。そのうれしい感情は、複数回、ガリ版で作った学級新聞から得た自伝的記憶である。ブランドと自己との関係性には、古女房という言葉が用いられていることから長期的な関係が生まれていることが分かる。

　　「無印良品のらくがき帳」はよく買います。その理由はガリ版だと思います。先生がすごく丁寧な人で、小テストをちゃんと作る人でした。

| 対象 | 年代 | 性別 | 製品カテゴリー | 分類 | 企業ブランド | 商品ブランド | 自己における記憶 | | | | |
| --- | --- | --- | --- | --- | --- | --- | --- | --- | --- | --- | --- |
| | | | | | | | 1回の個人的記憶 | 概括的な個人的記憶 | 自伝的事実 | 自己スキーマ | 不明 |
| 15 | O | 40 | 男 | ノート | 文具 | 無印良品 | らくがき帳 | | | | ○ | |

| 無印良品らくがき帳における自伝的記憶 | |
| --- | --- |
| 登場人物 | すごく丁寧な人だった小学校の先生、キャプテン翼 |
| 感情五感 | ザラザラした紙、鉛筆が走る感覚があってうまく描ける。<br>ありがとうと褒められてうれしかった |
| 空間 | ガリ版で先生が作る小テスト、学級新聞に自分が描いた絵を印刷してくれた、授業参観の時に親御さんから感謝された |
| 時間 | 小学校6年生の頃、ジャンプ放送局のようにハガキを書いてもらって絵を描いた |
| その他 | 小学生の時は原稿用紙に絵を描いた。小学生の時のガリ版が印象的、印刷物が大好きだった |
| 自伝的記憶の印象度(10段階) | 10 |

| 現在の購買行動と知覚 | |
| --- | --- |
| 購買チャネル | 近所の西友の無印良品で購入。無印週間に3〜4冊買って、2カ月くらい使う |
| アイデンティファイア | 茶色い表紙 |
| 知覚製品力 | 再生紙、わら半紙のような質感、B5のサイズ |
| 自己とブランドの距離感 | 空気みたいな存在。古女房のような |

（出所）インタビューデータを基に筆者作成

　小学校6年生の時に学級新聞を作っていて、キャプテン翼の絵とかをトレースして、それを先生に渡すとわら半紙で刷ってくれました。ジャンプ放送局をネタにしたので、はがきを皆に書いてもらっていました。それを親御さんが見た時、自分の子供が考えていることがよく理解できたそうで、授業参観の時に感謝されました。嬉しかったです。今思うと印刷物が好きだったと思います。手書きの本は嫌いですが、大量生産物になっているのが好きで、当時それがわら半紙っていうテクスチャーだったというのがあるのでしょうか。（対象者O: 男性40代）

## 4-5  インタビュー調査からの発見事項

　以上の結果から、自伝的記憶がブランドの長期育成にどのように影響するのかということに対する結論として、次の4点が指摘できる。第1に、自伝的記憶において形態として記憶をイメージできるか否かがブランドの長期育成に影響する。例えば、対象者C「じゃがりこ」の例のように放課後の教室や校庭から聞こえる部活動の声など自伝的記憶を視覚だけでなく、聴覚でも捉えている。このように五感によって立体的かつ空間的に記憶をイメージしている。

　第2に、1回の経験に基づくような個人的記憶における鮮明な記憶よりも、複数回の類似の経験に基づく概括的な個人的記憶のほうがよりブランドの長期育成に影響する。対象者A「シュプリーム」や対象者N「アニエスベー」の例のように衝撃的な1回の記憶よりも、対象者A「TSUBAKI」や対象者F「イソジン」のような複数回繰り返される概括的な個人的記憶のほうがブランドの長期育成に影響している。衝撃的な記憶は熱狂的なロイヤルティーが発生するものの、その記憶は短命で持続性に欠ける。現時点では「シュプリーム」も「アニエスベー」も対象者にとっては過去に好意のあったブランドとして認識されてしまっている。

　第3に、自伝的記憶によるブランドの長期育成に関しては、必ずしも"いつ（When）"が重要ではなく、"どこで（Where）""誰と（Who）"のほうが重要である。つまりブランドにおける登場人物と空間的記憶の重要性である。それらが強く想起される場合、ブランドへの愛着度は強い。"どこで（Where）""誰と（Who）"の要素は自己とブランドの関係性に大いに影響する。

第4に、情緒的記憶、つまり良い感情も悪い感情も、ブランドとの強いつながりを生じさせ、結果的にブランドの長期育成に影響する。例えば、対象者Lにとって「明治アーモンドチョコレート」は、寂しい気持ちを紛らわすための祖父による贈り物だった。しかし現時点では、長期的な時間を経て、その自伝的記憶に対して、正の感情が芽生えている。祖父の他界や前の店舗がなくなったことで、負の記憶が肯定され、そこに主観的な真理性が働き、正の記憶として変換されている。

　今回インタビュー調査の中で、自伝的記憶を対象者に問いかけた際、対象者は製品ブランドだけでなく、特定される人と場所、風景を頭の中でイメージしながら語っていた。対象者の頭の中で時空を超えてその記憶におけるシーンや五感を呼び戻しているような印象だった。"いつ"という時間的概念ではなく、"どこで・誰と・どんな気持ちで"につながる情緒的記憶や空間的記憶でブランドと自己との関わり合いを語っていた。

　以上のように、消費者対象のインタビュー調査の結果、自伝的記憶において、①場所や人物、時間による空間的記憶、②五感や感情による情緒的記憶、③複数回繰り返される概括的記憶の3つの過去記憶が、そのブランドと自己との関係をより強固にすることが分かった。つまり過去の記憶形成であるブランドにおける自伝的記憶によって"原風景"を構成し、ブランド認知やブランド・イメージによってブランド・エクイティが形成され、最終的にブランドの長期育成に大きく貢献している。これらの発見事項に基づき、次の5章では本書のモデルを作成する。

# 5章

自伝的記憶におけるブランドの長期育成モデル

## 5-1 自伝的記憶によるブランドの長期育成

　前章のインタビュー調査に基づく発見事項とブランド研究や記憶研究の先行研究のレビューから、消費者の自伝的記憶とブランドの長期育成との関係性を整理した概念モデルが図表20である。ブランドにおける自伝的記憶は以下の3つの記憶から構成されると考える。

①場所や人物、時間による空間的記憶
②五感や感情による情緒的記憶
③複数回繰り返される概括的記憶

　また、以下がこの概念モデルから導かれる4つの結論である。
a. ブランドにおける自伝的記憶は、空間的記憶・情緒的記憶・概括的記憶から構成される。
b. 自伝的記憶の各要素は現在の知覚された商品力・サービス力に影響を与える。
c. 現在のブランド・アイデンティファイアとヒューマンスケールは知覚された商品力・サービス力に影響を与える。
d. 知覚された商品力・サービス力、ブランド・アイデンティファイア、ヒューマンスケールは、ブランド認知とブランド・イメージを媒介し、ブランド・エクイティに影響を与える。

　この概念モデルは、記憶の形成、記憶の保持・変容およびブランド再生・再認、そしてブランドの長期育成という3つの段階で構成されている。まず、記憶の形成という過去の段階では、ブランドにおける自伝的記憶には空間的・情緒的・概括的記憶がある。自伝的記憶は強烈な1回の個人的な記憶よりも概括的な記憶であることが多く、そこで再生されるのは主に感情的な反応要素である。

図表 20　消費者の自伝的記憶とブランドの長期育成との関係性を
　　　　整理した概念モデル

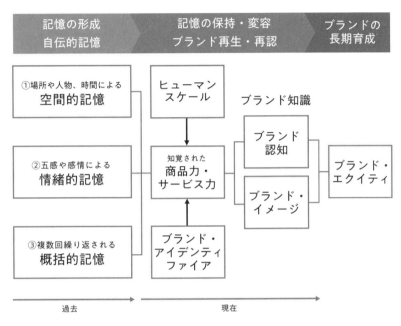

（出所）筆者作成

　次に、記憶の保持・変容およびブランド再生・再認という現在の段階で
は、ブランド・アイデンティファイア、ヒューマンスケール、知覚された商
品力・サービス力が、ブランド知識であるブランド認知とブランド・イメー
ジを媒介する。そしてブランド・エクイティに影響を与える。本書では１章
で、ブランドにおける"ヒューマンスケール"とは、「人間的ふるまいによ
る接点や活動を通して、真意が伝わり、心理的距離が縮まる要素」と定義し
た。そのヒューマンスケールが知覚された製品力・サービス力とともに、ブ
ランド知識へと影響を与えていく。

　そして、ブランドの長期育成を行うためには現在の知覚された商品力・サ

ービス力に自伝的記憶が影響を与え、ブランド認知やブランド・イメージを形成し、ブランド・エクイティが生まれることが重要であると考えている。

　繰り返しになるが、前章の調査でも明らかになったように、ブランドの長期記憶には、必ずしも衝撃的な個人的記憶は必要ではない。自伝的記憶は空間的かつ情緒的で、概括的な個人的記憶となることで心理的距離が縮まり、そのブランドが自己にとって最も近い存在となる。ブランドの長期記憶を保持するためには、記憶を想起するという能動的な形態よりも、プルースト現象にあったマドレーヌの香りや味覚のように、記憶が自然と想起されてくるような受動的形態に注目する必要がある。

　このように、自伝的記憶の形成とブランド再生・再認を通じ、ブランド・エクイティに対して実践的なアプローチを考えることができる。リアルだけでなくデジタル・コミュニケーション上での効率的なコミュニケーションプランを作成する際にも、それらの示唆は有効であるはずだ。

　次の6章からは、新しい自伝的記憶を形成している9つの事例を具体的に紹介する。ブランドの長期育成によってブランド・エクイティを獲得するために、新たな長期的視野に立って3つの自伝的記憶を形成しようとしている事例である。ブランドは記憶から生まれる。ブランディングは即効性を求めるものではなく、遅効的な活動であるべきだ。そしてこれから紹介する9つの事例は自伝的記憶の醸成だけでなく、同時に、ブランド・アイデンティファイアとヒューマンスケール、知覚された商品力・サービス力も含めて、大局的な視野に立ちブランド認知と再生を試みている。

# 6章

## 新しく原風景からつくるブランディング事例

## 6-1 場所や人物、時間による空間的記憶

　ここからは、新しい原風景をつくることを目指しているブランディング事例について9つの企業を取り上げたい。まず、新しい記憶の形成にむけて主に①場所や人物、時間による空間的記憶の創造に挑んでいる3事例である。ソニー企業「Ginza Sony Park（銀座ソニーパーク）」、たねや「ラ コリーナ近江八幡」、ワコール「京の温所」について、インタビューと解説の2つの構成に分けてご紹介する。

**図表21　場所や人物、時間による空間的記憶**

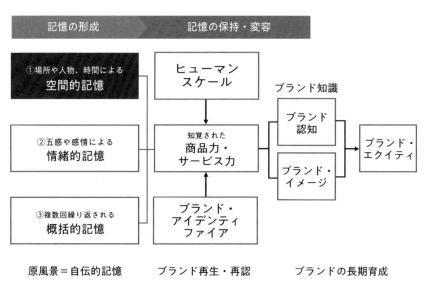

（出所）筆者作成

※インタビュー内容や人物の肩書きなどは日経クロストレンド掲載時の2018年11月〜2020年10月のものです。

# Ginza Sony Park も、ソニーの商品である

（写真／丸毛 透）

## 永野 大輔（ながの だいすけ）氏

ソニー企業代表取締役社長 チーフブランディングオフィサー

1992年にソニー入社。営業、マーケティング、経営戦略、CEO（最高経営責任者）
室などを経て2017年から現職。「Ginza Sony Park Project」のリーダーとして、
13年からプロジェクトを推進し、18年8月9日に「Ginza Sony Park」をオープン
させた

**細谷**　東京・銀座の一等地にあったソニービルが2018年8月に「Ginza Sony
Park」（以下、ソニーパーク）としてリニューアルして約1年がたちました。
約707平方メートルのフラットな地上部と地下4階の吹き抜けを含む地下部
分で構成された公園は、画期的なデザインであり、ソニーにとっても挑戦的
な試みだと思います。20年6月には、当初は22年だった新ソニービルの竣
工時期を25年に延期することを発表しました。なぜ公園を造ったのか、そ

のきっかけから教えてください。

**永野** プロジェクトのスタートは2013年です。もともと公園を造るという計画ではなく、ソニービルの建て替えプロジェクトとしてスタートしました。私は当時、ソニー社長直轄のスタッフとしてプロジェクトに参画し、どんなビルにしようかとメンバーで話し合っていました。次のソニービルは何階建てにするとか、どんなテナントを入れたらいいか、などと議論しました。

しかし、同じようなビルがたくさんあり、普通のビルでは面白くない、という意見が出てきた。ならば、どこかのビルと似てしまうより、ソニーらしさとは何か、ソニーの原点に戻って考えようということになりました。すると、人がやらないことをやるのがソニーの企業文化であり、いろいろなビルの建て替えが東京のあちこちで起こっているなら、むしろ建てないほうがいいのでは、となったのです。

**細谷** ソニーの根源は、人と違うことをやることにあると。

**永野** その通りです。建てないなら、ここを何にしたらいいか、と議論が展開しました。そのとき、どこにヒントを求めたのかと言えば、50年前の1966年にソニービルを建てたときの思いでした。ソニー創業者の一人である盛田昭夫や、ソニービルを設計した建築家の芦原義信さんは当時、どんな思いでソニービルを建てたのか。盛田はソニービルの一角を「銀座の庭」と言っていました。ソニーという私企業でありながら、銀座の超一等地の場所をパブリックスペースにしようと考えていた。これはすごいな、と思いました。

建てないのだから、公園にするのはどうか。近辺は休憩する場所が少ないし、50年間もお世話になった銀座への恩返しにもなる。そこから、公園にするならどうすべきかと、どんどん議論が深まりました。

周囲をビル群が取り囲む、東京・銀座の真ん中に「Ginza Sony Park」がある
© Ginza Sony Park Project

平日でも多くの人が集まる。2019年8月15日には約1年間の約1年間の累計来園者が400万人を超えた

若い人だけでなく、高齢者や外国人の姿なども目立つようだ

**細谷** しかし公園にしてしまうと、それまで象徴的で有形化されていたアイコン性やソニービルでの物販などの売り上げが減ってしまいますよね。そういう話は出なかったのですか。

**永野** もちろんありました。私が社長を務めるソニー企業にとっては当然、テナントの家賃収入なども減ります。銀座の超一等地を開かれた場所にするのは、世の中にとってはいいかもしれませんが、会社としてどうかと。しかし、人がやらないことをやる、という原点に立ち戻るとなると、ここを公園にしたことによる話題性や刺激性の価値は大きいと判断しました。建てないほうがブランド価値は上がるだろうと考えたのです。

　結果、オープンすると多くのメディアに取り上げていただき、お客さまにたくさん来ていただいた。その数は、2019年8月15日までの約1年間で400万人になります。平均すると1日で1万人くらい。もちろん土・日曜日の方が多いのですが、銀座に遊びに来た人たちが、ふらっと立ち寄るなど、注目を集める施設になっている。400万人とソニーがコンタクトしているのがすごい。私はソニーパーク自体を商品とかサービスとして捉えています。だから「ウォークマン」「プレイステーション」「aibo」と同じように、ソニーパークを通して400万人にソニーを楽しんでもらったことになる。

　ビルとか場と言うと、建物ではなく、その中に入っているものにフォーカスされがちで、以前のソニービルでもショールームにあるソニー商品がお客さまとのコンタクトポイントでした。しかしソニーパークは、ショールームではありません。公園であるという認知を高めるために、この1年は、あえてソニー製品をテーマにしたアクティビティーは実施しませんでした。それでもソニーパークの印象について、お客さまにアンケート調査すると、「遊び心がある」「他では見たことがない施設」「ソニーらしい」といった結果が得られました。ソニー製品がなくても、ソニーブランドのコアである遊び心だったり、人がやらないことをやることだったり、ソニーらしさを表現しています。

地下にも自動扉などはない。公園を造ってもソニーらしさがある © Ginza Sony Park Project

**細谷**　「遊び心がある」「ソニーらしい」というアンケート調査による結果は、オープン当初からですか。それとも、何かのきっかけで、そうした回答が増えたのでしょうか。

**永野**　18年8月にオープンしてから、ほぼ不動です。ビルを建てずに公園にしたということ自体が、もうソニーらしいというわけですし、地下もソニーらしい見せ方になっている。普通のビルは、外から入るところに、風除室や自動扉がありますが、それが一切ありません。地下鉄のコンコースから入っても扉がない。完全にシームレス。地下であっても公園だから、そうしたものをなくしました。だから、ものすごく遊び心があるように思われたのでしょう。
　設計段階では、風除室や自動扉がありましたが、徹底的に公園にこだわりました。公園に風除室や自動扉はありませんよね。「雨風が入ってきますよ、寒い日には冷たい空気が入ってきますよ」と言われましたが、公園だか

らそれは当たり前です。そうした中途半端ではない姿勢がお客さまに評価されたのでしょう。そこを妥協して商業施設に少しでも寄ってしまったら、公園には見えない。ブランディングの視点で言えば、ソニーの意思が感じられない。ブランディング的にまずい点ですから、たとえリスクがあっても踏み込んでよかったなと思います。

## 「人と街とのインターフェース」に

**細谷**　銀座という街の文脈が、ソニーパークを考える上で、すごく意識されている点になっているのではないでしょうか。

**永野**　お客さまがソニーパークに来る理由をアンケート調査したら、1位が休憩でした（笑）。まさに公園で、街の一部。私企業の土地でありながら、パブリックになっている。銀座って無料で休憩する場所がほとんどなく、せっかく買い物に来ても、そのまま帰ってしまう人もいると思います。でも、いったんソニーパークで休んで、買い物を再スタートさせるとか、銀座にとって新しいリズムをつくることに、少しは貢献できたと感じています。ソニーパークは銀座じゃなければ成り立たないでしょう。
　ただ、私たちは単にきれいな公園を造っているわけではありません。人と街とのインターフェースとして公園というものを捉えています。ソニーパークも商品であると言いましたが、お客さまと接触する手段として、公園というインターフェースを選択したのです。それが銀座にあるので、銀座という場所とは切り離せませんね。

**細谷**　人と街をつなげ、その間に自然にソニーが介在しているという姿は、計画の最初から明確に描かれていたのでしょうか。必ずしも、お客さまが休憩してくれるとは限りませんよね。銀座に余白をつくるって、ちょっと怖いチャレンジですね（笑）。

地下は巨大な吹き抜け空間になっており、イベントを開催す
ることもある © Ginza Sony Park Project

**永野**　最初はおっかなびっくりでした。ソニー製品がないのに、誰が来てく
れるのかと。すごく怖かった。しかし次第に休憩するお客さまが増えてき
た。休憩している人がいたり、お茶を飲んでいる人がいたり、ビールを飲ん
でいる人がいたりと、皆さん自由に過ごしている。毎週金曜日には地下4階
で「Park Live」というフリーのライブイベントを実施しており、そこにも
人が集まるようになりました。ふらっと立ち寄った方が自然に音楽を聴いて
いるなど偶発的な出会いもたくさんある。こうした光景を見て、これが私た
ちのつくりたかった姿だったんだということを、時間がたつにつれて実感し
てきています。開園前は、そうなったらいいなという部分が、何カ月かたっ

来園者はそれぞれ自由に自分の時間を過ごしている © Ginza Sony Park Project

てから実現し、公園らしくなってきた。

　これは公園なのかという議論もあるのは承知しています。いわゆる都市公園法にのっとった公園とは違うという指摘もありました。しかし私たちは、きれいな公園を造りたいわけではなく、インターフェースとしての公園であり、少し言い方を変えると都市の中の公園の再定義をしようとしているわけです。

**細谷**　都市公園法による公園ですか（笑）。普通の人は、別に公園法なんて全然意識していませんよね。人にとって公園って、気持ちや感情と大きく関係していると思います。公園を選ぶことは、ブランドへの愛着に近いものを感じます。

**永野**　そうなんです。私たちは、緑がある場所を公園というのではなく、余白があるから公園という言い方をしています。公園には、昼寝をしている人

もいれば、休憩している人もいる。お弁当を食べている人や、散歩している人、ジョギングしている人、ボール遊びしている人もいるなど、いろいろな使い方がある。何でも自由にできるのは、何かを決めてしまうのではなく、余白があるからです。

　ソニーパークを造ったときに重視した点も余白でした。まず余白からデザインしたのです。まず余白をつくって、その空いたところに店舗が入っている。余白で皆さんにくつろいでもらったり、アクティビティーをしたりしてもらう。余白があると変わり続けられるし、変わり続けないと、常に来ていただいているお客さまを楽しませることができません。


**細谷**　しかし余白を与えられたとき、欧米人と違って日本人の場合、うまく使えない人のほうがまだ多いかもしれません。公園を訪れる側も、突然、何をしてもよいという余白を与えられたときに新しい活用の仕方が試されますね。


**永野**　確かに、これが公園なのか、というご意見がありましたし、ここに本当に座っていいの、という方もいらっしゃいました。困惑している人がいたのは事実です。一方で、お気に入りの場所として銀座に来るたびに立ち寄るという方もいました。新しいことをすると議論が生まれるので、両方の意見があっていいかなと思っています。

　でも最近は、文庫本を読みながら座っていたり、コーヒーを飲んだり、自分のスペースをつくったりしているような人が増えています。公園というと一見、銀座の中のパブリックスペースですが、その人にとってはプライベートなスペース。銀座に来たら、ここに座るということを決めたら、それはプライベートなスペースになる。それに気づいた人たちが、どんどん来るようになった。疲れて座っているというより、自分のプライベートなスペースとして積極的に活用している。最初から公共の場をつくるのではなく多様な人が関わることで公共の場になっていく。ソニーパークは銀座の街に新しい社会性を生み出すための場と言い換えてもよいかもしれません。

象徴的な光景がありました。地下のある一角にテーブルと椅子があり、平日の夕方に行くと、小学生がノートを広げて宿題をやっている。かばんを横に置いて、1人で何をしているのかな、大丈夫かなと思って見ていました。するとお母さんが迎えに来て、しばらくそこでおしゃべりしたり、お茶を飲んだりして、2人で帰っていく。ここだったら、お金がかからないし、スタッフもいて安全だということで、お母さんのお仕事が終わるまで、待ち合わせに使っていたのでしょう。これは想定していなかった使い方でした。まさにパブリックスペースであり、公園ならでは。いろいろな人がいて、面白いです。

## "マイ・ファースト・ソニー"がソニーパークに

**細谷** 今度、ソニービルを新築するときも、そういった新しい銀座の余白をつくりたいとお考えですか?

**永野** 私としては、公園というコンセプトを次のソニービルにも取り入れたいと思っています。パブリックとプライベートな部分をどうバランスを取るか、今は実験している感じです。でも、人と街のインターフェースになるという点は変えたくありません。

**細谷** お母さんを宿題しながら待っているという先ほどの小学生にとって、ソニーパークでの原体験がソニーブランドへのロイヤルティーになりますが、これからどう影響するのかを想像したくなりますね。

**永野** どうなるでしょうね。ソニー製品を持っていなかったとしても、何年か後で振り返ってみると、幼いときにソニーパークで勉強し、お母さんと待ち合わせをしたという体験が、ソニーへのロイヤルティーに結びついていくと、私は思っています。
　ブランディングとセールスマーケティングは、ちょっと違う世界です。そ

れは時間軸の違いかもしれません。ソニーパークに来て楽しかったから、すぐにプレイステーションを買うわけではありません。しかし数年後に何かを買い替えようと思ったとき、どのメーカーの商品を選びますかという場合、かつての思い出が顕在化してソニーを選んでいただければ、すごくうれしい。ブランディングってそういうものかなと思っているので、先ほどの小学生もそうなってくれるといいなと。その小学生にとって、たぶん初めてのソニーとの出合い、いわば“マイ・ファースト・ソニー”がソニーパークなのです。

**細谷**　公園というのは、明らかにソニーの事業分野であるエレクトロニクスやエンターテインメント、金融とも違いますね。

**永野**　ソニーという会社との接点になる存在なら、マイ・ファースト・ソニーがソニーパークでもいいと思います。ここでいい体験をしたので、次はソニーの製品やサービスを買ってみようといった場にしたいのです。
　ソニーは今まで、さまざまな事業を手掛けてきました。エレクトロニクスだけではなく、音楽や映画、生命保険や銀行など、カテゴリーにこだわりはありません。それを軽々と越えてきた。だから同じレイヤーに場があってもいい。ソニーはエレクトロニクスでしかブランディングをしない、できないわけではなく、場でもブランディングができる。それは、ものすごい価値がある。ソニーのブランドに厚みが出るのではと、考えているんですね。
　私はブランディングには、3つのレイヤーがあると思っています。最もコアのレイヤーが、なぜソニーは存在するのかという根源的な部分で、いわば「why」です。その次が、何をもって存在意義をお客さまに伝えるかという「what」で、一番外側がどうやって伝えるかという「how」になります。
　特にソニーの場合、why が何かと言えば、人がやらないことをやることです。そこは圧倒的な強みだと思っています。what と how は事業によって違います。what がエレクトロニクスなら、how はテクノロジーだったり、デザインの力だったりします。what がエンターテインメントや金融になれ

ば、how は違ってきます。そこで私は、what を場にした。人がやらないという why は同じですが、what が場で、how は公園というインターフェースということ。why と what、how の統合的な体験がブランド体験ですから。

　ソニーの場合、why の部分が不動なので、ブランド体験は比較的、つくりやすい。ただし what と how が、それに見合っていないと成り立たない。他社と差異化できませんからね。この構造で考えると、ソニーで公園を造るというのが、ブランド的にも貢献できると判断したのです。この構造の件は、あまり他に外に話したことがありませんけど（笑）、私はそう思って取り組んできました。

**細谷**　すごく面白いお話でした。本日はありがとうございました。

# 銀座に生まれた、人と街の自己形成空間

周囲にビルが乱立する東京・銀座にある「Ginza Sony Park」では、人々が自由に過ごしている。一見すると普通の「公園」のようだが、ソニーらしさが随所にある

## 「銀座の庭」から「銀座のパーク」へ

　永野大輔ソニー企業社長のインタビュー後に私が思い出したのが、本書の冒頭でも紹介した1972年に出版された奥野健男著『文学における原風景——原っぱ・洞窟における幻想』（集英社）だった。また、米国の建築家で都市計画家のケヴィン・リンチらの「都市に関する子供時代の記憶」という論文の中では、都市の実存的な環境がどのように子供たちの心象に残るのかをアンケートしたところ、舗装面、築地塀、樹木などが長く記憶に残るということが分かったそうだ。奥野氏が“原風景”とは何かを説明しているように、「Ginza Sony Park」（以下、ソニーパーク）でも人の創造力を駆り立てる“原っぱ”と“隅っこ”のような自己形成空間が生まれようとしているのではな

いかと感じ、永野さんからお話をお伺いすることになった。

　永野さんは、普通のビルでは面白くならない、ソニーらしいビルを造るためには、他がやらないことをやるのがソニーであるという想いから、約50年前の1966年にソニービルを竣工させた時の志にヒントを見つける。まさに銀座の原風景とは何かを探す旅に出た。

　66年、ソニービルを設計した建築家の芦原義信氏とソニー創業者の一人である盛田昭夫氏は、銀座の超一等地にもかかわらず、ビルの交差点に面した33平方メートルの角地に、空き地を造って庭にしようとした。この一角がまさしく「銀座の庭」のコンセプトが生まれた場所だったのだ。そして、

かつてあったソニービルは、東京・銀座を象徴するランドマークの一つだった
© Ginza Sony Park Project

ソニービルの前にある交差点では、常に
多くの人々が行き交う。まさしく都会の
真 ん 中 に あ っ た　© Ginza Sony Park
Project

© Ginza Sony Park Project

ソニービル前にあった広場は公共スペー
スとして、さまざまなイベントを開催し
ていた © Ginza Sony Park Project

永野さんが考えたソニーパークは、当時の「銀座の庭」を「銀座のパーク」
へと進化させることになる。

## ソニーが"公園づくり"を具現化できた理由

　"原っぱ"と"隅っこ"の記憶や経験が生まれるように、オープンスペー
スからビル本来の在り方を考えてみるというアプローチは、芦原氏の姿勢に
もつながる。芦原氏は『街並みの美学』（岩波書店）という著書の中で「外
部空間の構成とは、巨大な都市空間を人間的スケールまでひきおろすため
に、『大きな空間』を『小さい空間』に分割したり還元したりして、空間を
より人間的にしたり充実したりする技術のことである」と述べている。

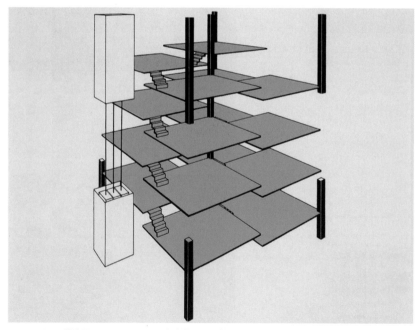

ソニービルの構造図。ショールームや商業施設など複合ビルとしての機能を、さらに高める構造と
して建築家の芦原義信氏が生み出した「花びら構造」。各フロアの高さをずらすことで1階〜7階を
連続した一つの空間のようにしたことで「縦の銀ぶら」を表現　© Ginza Sony Park Project

前ソニービルは、まるで横の銀座を縦にするように上から下まで何階という区切りなしで、まるで縦型プロムナードのような一度体験したら忘れられない空間だった。このように人間のための街並みを形成させることで、都市にもっと記憶に残る空間が生まれるべきだと芦原氏は語っている。

街全体から見れば、空間として公園は重要な役割である。しかし事業として考えれば、銀座の超一等地で公園というコンセプトは現実的には考えることは難しい。明らかにビルのテナントによる家賃収入は大幅に減るからだ。もちろん社会へのインパクトや話題性はあるかもしれないが事業としての利益を考えると、どんな会社でも社内理解を得るには相当厳しい。もちろんソニーですら収益性とブランド価値をてんびんにかけて議論されたことは推測できる。

しかしソニーの場合、最終的には従来の評価軸を超越して、トップ自らの判断でブランド価値創造にかじを切ることができた。この英断が、今の日本企業のブランド戦略に一番足りない部分であり、ソニーはその判断ができたということだ。

## 人がやらないことやるのがソニー、キーワードは What if…

インタビューの後、永野さんから直接メールをいただいた。「もしかすると、Ginza Sony Park は製品やサービスであるという文脈だけでなく、人がやらないことをするというソニーのアイデンティティーにつながるキーワードとして『What if…』の考えがあるのではないかと考えています」とのことだった。

「この What if…とは、"もしソニーが○○をつくったら"という考え方なのです。もしソニーが音楽プレーヤーを作ったら"ウォークマン"。もしソニーがゲーム機を作ったら"プレイステーション"。もしソニーがロボット

を作ったら"aibo"。そして、もしソニーが公園を造ったら"ソニーパーク"だという文脈なのです」と永野さんは言う。

この話はとても分かりやすい。なぜソニーが銀座に公園を生み出すことができたのかを深く理解することができる。What if…という視点は、永野さんがソニーパークを語る際に言語化しているものだそうで、この考え方のコアにはソニーが長年培ってきたイノベーションとは何かを見つめるその解があり、まさに顧客が期待し続けている、ソニーらしさの源泉でもある。

ものづくりを強みとする日本企業の多くは、新規事業やイノベーションとなると今までにないものを新しくつくらなくてはいけないという固定観念に取りつかれてしまう。永野さんの言う What if…という文脈で「もし△△が○○をつくったら」とピュアに考えたほうが、私たちの創造性や行動力が駆り立てられるかもしれない。

## 街の文脈を内包することで生まれる新しいつながり

「ソニー製品を持っていなかったとしても、何年か後に振り返ってみると、幼い時にソニーパークを体験し、大切な人と待ち合わせをしたという体験が、ソニーへのロイヤルティーに結びついていくと思っています」と永野さんは言う。

通常、企業が空間づくりを行おうとすると、顧客と製品のタッチポイントを重要視するあまり、製品を体感するためのショールーム的なものに寄りがちだ。結果的に直接、購買へつながる顧客体験を促す場を目的とした空間になってしまうからだ。

しかし、ソニーパークはそれらの類とは180度異なる。ソニー製品を売るという試みは一切行っていない。逆に"マイ・ファースト・ソニー"になるべく、ソニーパークそのものが、人生の中で最初に出合うソニーであってもらいたいという考え方自体が、今までのメーカー発想とは異なる。

顧客同士がつながれば、企業がそこに介在しようとするのは極めて難しい時代に突入している。デジタル化が進むほど、リアルなブランド体験は希薄になる。だからといって顧客との強い絆を求めようとするあまり、企業側が積極的に体験を強要しようとすると、関係性を構築する前に顧客は逃げてしまう。

　メーカー起点の能動的な立場をとるのではなく、"銀座のパーク"として人、ソニーと銀座の複数の関係性を深くつなぐソーシャルなインターフェースを目指そうとしていること自体が、これからの新しいブランディング方法論の一つになるのではないだろうか。ここで重要なのは銀座という原風景に対してソニーという文脈を用いてブランド戦略に取り入れたということである。さらにソニーのすごさは、すでに66年から盛田昭夫氏や芦原義信氏によって、旧ソニービルに銀座という街の文脈を内包していたことでもある。

　公園や広場のような公共性と自由度のある空間において、人は与えられた方法ではなく、その空間の余白を自らが感じ考えながら、自分なりの利用方法を見つけだす。そして、その空間は知らず知らずのうちに、都市の中で人と人がつながる"原っぱ"のような唯一無二の場所へと成長していく。

　人・ソニー・銀座という3つの関係性を密接にすることで、ブランドへの愛着につながる人々のためのインターフェースとなり、今後のソニーパークも、未来に向けて進化していくことが予想される。

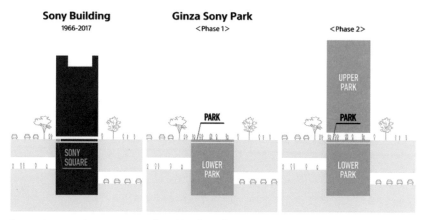

「Ginza Sony Park」のロードマップ。公園の次は、新ソニービルとしてさらなる魅力ある空間を打ち出していく　© Ginza Sony Park Project

## コミュニティーそのものにブランド価値が生まれる

　なぜソニーが存在するのかという根源的な志として、"人がやらないことをやる"という「why」を維持し続けていることがソニーの圧倒的な強みだ。そして、その why がブランドづくりのコアにあるべきだと認識し、具体的にウォークマンやプレイステーション、aibo などの製品でまさしく表現し続けている。ソニーパークが単なる機能的なインターフェースにとどまらないのは、"人がやらないことをやる"という人の心を動かすような情緒的な志があるからだ。その情緒性を生み出し続けているからこそ、金融や保険、カード事業でもブランド・ロイヤルティーを生み出していると言える。さらにソニーパークのような街のインターフェースですらブランドにしてしまうことができるのがソニーの強さだ。

　今後、個人が消費する情報はさらに増加する。すでに人はモバイル端末を使って膨大な情報に常に接触できる状態で日々の生活を送っているのが現状だ。情報の消費が加速していく中で、本当に価値のある情報とは何かを考え

れば、ソニーパークの新しい挑戦は合点がいく。

　それは人間の感性に響くコトやモノこそが本質的な情報となり、エングラム（記憶痕跡）となって人の記憶に残るコンテンツになり得るからだ。空間的記憶は情報のスピードとしては非効率的だ。それでも、遅効的なスピード感で人間らしい温度感とともに、有益な情報が存在していることで絶対的な価値を生み出すことができる。永野さんの言葉をお借りすると「why」が不動であることによって、さらに進化し続けるコミュニケーションそのものに介在できるのだ。

　プライベートがパブリックになり、逆にパブリックがプライベートになるような空間がソニーパークにはある。例えば、そのパブリックな空間に参加できる人が限られているときに、そこはプライベートな状態に変化する。このプライベートとパブリックの特殊で絶妙な関係をコモン（コミュニティー）と呼ぶことができる。ショールームのように、多くの製品が並ぶパブリ

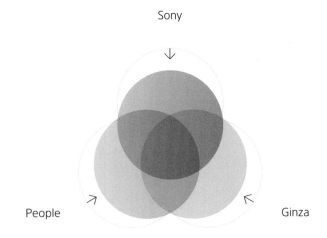

ソニービルについての考え方。ソニービルを情報発信基地として刷新すること、人々にリアルな体験を与えること、銀座をより心地よい街にすること、の3つを実現することでさらに魅力的なソニービルにしていくという
© Ginza Sony Park Project

ックな空間の中に、強引にコモンをつくろうとしてしまうのが通常だ。しかしこれからのブランディングでは、このコモンそのものに価値が生まれていく。銀座のコモンを生み出そうとしている事例がソニーパークである。

　これからのブランド戦略で重要なのは、人が求める生き方に十分に応えながらも、本質的な非効率性を追い求めることができるか否かではないかと考えている。まさしくソニーパークはリアルとデジタルの中間にあり、喜びを感じるコトやモノとは何かをすでに熟知しているように感じさせる場である。これからも銀座の"原っぱ"として、ソニーが提供し続ける自己形成空間へと進化していくことだろう。

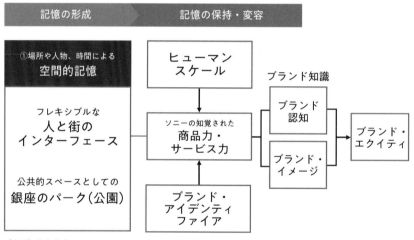

（出所）筆者作成

# まっとうなことを素直に、裏表なくやっていく

（写真／行友重治）

## 山本 昌仁 （やまもと まさひと） 氏

たねやグループ CEO

和洋菓子製造販売のたねやグループ CEO（最高経営責任者）。1969年に滋賀県近
江八幡市でたねや創業家の10代目として生まれる。19歳より10年間、和菓子作
りの修業を重ねる。24歳の時に全国菓子大博覧会にて「名誉総裁工芸文化賞」を
最年少受賞。2002年、洋菓子のクラブハリエ社長、11年にたねや4代目を継承し、
13年より現職

細谷　和菓子のたねやをはじめ、バームクーヘンなど洋菓子のクラブハリエ
としても知られるたねやグループは、2015年1月に「ラ コリーナ近江八幡」
（以下、ラ コリーナ）と呼ぶ施設を開設しました。まるでテーマパークのよ

うに広々とした土地で目立つのは、屋根が芝に覆われた大きな店舗です。

　和・洋菓子の売り場が並び、焼きたてのバームクーヘンが味わえるということで、土・日曜日や休日になると大勢の来店客が詰め掛けるとか。ここに本社オフィスも移管するなど、他社に見られないユニークな試みですが、菓子を扱う企業がなぜ、こうした施設をつくったのでしょうか。ブランディングの視点から興味があります。

**山本**　ありがとうございます。私どもは社会に必要とされる企業を目指す、社会に必要とされる人を目指すという考え方が根本にあります。私たちが自己主張するだけのお店をつくるのではなく、行って良かったなと、お客さまに喜んでいただける空間になっているのかどうかを重視しています。

**細谷**　御社のラ コリーナも多くのお客さんが訪問し、すごく楽しんでいるようですね。

たねやの「ラ コリーナ近江八幡」の全景。テーマパークのように広々とした土地に屋根が芝に覆われた大きな店舗がある（写真提供／たねや）

ラ コリーナで作る焼きたてのバームクーヘンを求めて、土・日曜日
や休日には大勢の来店客が詰め掛ける。和菓子の売り場も人気だ

山本　当社は菓子の製造・販売を明治時代から145年以上も続けてきました。田舎臭くてもいい、泥臭くてもいいから、家族で経営していたときも2000人のスタッフがいる現在でも変わらず、代々伝わってきているやり方を、たねやの精神をお伝えする「場」が必要だと感じました。それをラ コリーナに結実させたのです。来ていただいて、私たちの姿勢や理念を、ご覧くださいと。お客さまが感じたことを、写真に撮っても構わないし、インターネットに掲載しても自由です。自分だけのラ コリーナを見つけてほしいですね。

細谷　ラ コリーナのコンセプトは「自然に学ぶ」ことにあると聞いています。これは、どういうところから出てきたのでしょうか。

山本　これからの時代は、すべての企業が社会との関わりを求められています。そこで当社の役割は何かを考えたとき、「自然に学ぶ」ということを、人間はもう少し考えていかないとあかんと。そうなると、お客さまは重要な存在ではありますが、常にお客さまが第一で、お客さまが良ければいいという考え方ではなく、やはり地元の滋賀県に伝わる近江商人の考え方である「三方よし」の精神に戻ってしまうんですね。
　「三方よし」は「売り手」「買い手」「世間」がそれぞれ「よし」というのがビジネスの理想になるという考え方ですが、実は比較的最近になって出てきた言い方だそうです。それでも、私の山本家や近隣で商売をされている方は「三方よし」のような考え方を代々伝えてきました。私も、そういったことを常々言われていましたので、お客さま第一というより、売り手、買い手、そして世間すべてが良くならなくてはいけないと感じています。
　最近「何とかファースト」とか言われますが、一方だけが良ければいいのでしょうか。それで本当に、この世の中が成り立っていくのでしょうか。そうした考え方が行き過ぎると、地球環境も、どうなってしまうのかと思うようになりました。これからの世代に今の問題を押しつけてはいけません。だ

からこそ「三方よし」という近江商人の心をしっかりと引き継げるお店をやりたいと思ったのです。

　私は商売人で、政治家になるつもりはないので（笑）、自分ができることを毎日、行動に移していくしかありません。理論で何かを言うのではなく、行動で表現していく。お菓子屋としてできることを、ラ コリーナで表現していきたい。それが「自然に学ぶ」につながりました。ラ コリーナのシンボルマークは「アリ」です。これは、いつも人々が集い、にぎわう場でありたいということと、自然の中で生き続け、優れた社会性を持つアリの姿に学びたい、という思いを表現しています。

ラ コリーナの天井部分は、動き回るアリに見立てたデザインにしている

**細谷** 「三方よし」を行動で表現していこうということなのですね。言葉だけでは伝わりにくいと感じていたのですか。

**山本** 今、私たちが唱えていることは、次の世代のために荷物を申し送っては駄目ですよということです。それをお菓子屋として精いっぱい、訴えていこうと。国連のSDGs（持続可能な開発目標）にも共感し、グループで「SDGs宣言」を掲げています。農作物などを原材料として、お菓子に仕上げて商いをするたねやグループは、本質的に自然とともに生きています。持続可能な社会を実現しなければ、将来的に商いを続けることができません。持続可能な社会の実現に向け、ラ コリーナから世界へ発信していく。こんな田舎ですけど、考え方や行動は世界レベルにしたいですね。

## 今やっておけば、やがて芽が出て将来は大木になる

**細谷** 「自然に学ぶ」という考え方や行動を、まずは社員の方々に伝えているのですか。

**山本** 私や私の家族、それからスタッフ、スタッフの家族、また協力業者、協力業者のご家族に伝えています。社内で伝わらないことが、お客さまに伝わるわけがないし、世間にも伝わるわけがありません。ただ順番にやっていたのでは遅いので、近江八幡や日本、そして世界に伝えています。今、植えれば、やがて芽が出て将来は大木になっていく、という思いでやっています。

**細谷** ラ コリーナでは、建築家・建築史家の藤森照信氏が建物のデザインに関わっていたり、世界的な建築家・デザイナーであるミケーレ・デ・ルッキ氏が「ラ コリーナ」（イタリア語で丘という意味）と名付けたりしています。さまざまなクリエイターの方々と組んだ理由は何でしょうか。

**山本** 本物を追求することが重要だからです。和菓子屋の前は、当社の社名

の基となった種を商ったり、木材を手掛けたりしていました。明治時代に入ってから和菓子屋を始めたのですが、当時から支店を出してはならない、と言われていました。それはなぜか。私なりの解釈ですが、売り上げを伸ばすだけなら、支店を増やせばいいかもしれません。しかし規模を拡大すれば、業績が伸びたように見えるかもしれませんが、生産を増やす一方で商品の質がおろそかになってしまいかねません。そういったことを戒めるため、やはりむやみに支店を出してはいけないな、と感じています。

だからクリエイターの方々にお願いしていることは、たとえ建物の壁をレンガにする場合でも、レンガ模様のタイルを使うのではなく、質にこだわって本物のレンガにしてほしい、ということでした。土の壁だったら、土壁模様の素材を貼るのではなく、本物の土壁にしてほしい。本物を使うことに意味があるからです。ラ コリーナの建設では、そういったことに対して理解していただいているクリエイターの方々に巡り合えたのが幸運でした。

藤森先生からも本物、本物と言われ続けてきたので、それが良い方向に行ったのでしょう。今後も本物で勝負をしていかないとあかんと思いますし、本物を見たお客さまからも当社を「裏表がない」と感じてもらえるでしょう。費用はかかりましたが、そういうものは使い込んでいけばいくほど、古くなるのではなく、味が出るんです。

お菓子を売り買いするだけなら、今だったらネットでもできます。拡販したいなら量販店に置けば、一気に広まるでしょう。しかし、そこにお客さまの喜びがあるかどうかが重要です。ラ コリーナには18年に311万人の方々が来られました。17年は290万人でしたので、年々増えています。ここに来れば、本物を感じていただけるからではないでしょうか。

それぞれの季節も良いですよ。夜だと月もきれいですし、春には桜が咲きます。雪も降りますし、新緑があったり、紅葉があったり、日本の四季を感じられたりする。ただの売り買いじゃなくて、お客さまの幸せにつながり、幸福度が上がるようにしたい。そして私たちが生まれ育った近江八幡も見てもらいたい。ここに来ることで、何かを感じてほしい。どきどきするとか、わくわくすると思えるようにしたい。商売ってほんまにお客さまがお客さま

ラ コリーナの外観には、本物の土壁や芝を使っている。これも本物を追求しようとする姿勢の表れだ

各店舗に配置する植木も自社で栽培。各店舗のイメージに応じて植木の内容を変えて送っている

を呼ぶんです。そんな空間づくりができたら強いと思うんですよ。

　今後はラ コリーナの敷地内にバームクーヘンの独立店舗をつくる計画もあります。バームクーヘンのすべての製造工程を見ていただき、食べたり買い物をしてもらったりできる施設です。

## ブランドとは「まっとうな行動」の積み重ね

**細谷**　これからの時代に向けてブランドをつくるということについては、どのようにお考えですか。

**山本**　ブランドって、つくろうと思ってもつくれるものじゃないと思います。たねやというブランドが浸透するまで、100年近くかかっていますから。現在まで先代がずっとやってきたのは、嘘のない、まっとうなことを素直に裏表なくやっていくということ。だから、ラ コリーナでも工房をガラ

ス張りにするなどして、お菓子を作っているところを見てもらっています。それが安心や安全を感じさせるのです。

　原材料の仕入れでも、裏表がない農家の方々と密にやっていくことで、ブランドが自然とできてくる。農家の方々が一年中、汗水たらして作った1粒のお米や小豆、栗などの自然の恵みがなければ、お菓子を作れません。そういった感謝の気持ち、毎日の裏表のない積み重ねが、ブランドにつながっているのではないでしょうか。

　通り一遍の表面的なことなら簡単です。しかし100年、200年と続けられるかと問われると、化けの皮が剝がれてしまいます。レンガでも本物にしないとあかんと思うのは、タイルだったらすぐに割れて、中のコンクリートが出てくるからです。レンガは古くなっても味になるんですよ。

　昔の家では、柱に印をつけて子供の背を測っていたことがありましたね。10年、20年たって大人になったときには、これが思い出になったり、かけがえのない家のデザインになったりします。そういうことの積み重ねを大事にしていくことが重要であり、ブランドへとつながっていくんじゃないかなと思っています。

## 流行のマーケティング論には関心なし

**細谷**　お話を伺っていると、時間軸の捉え方が長期的ですね。最近は IoT とか AI の導入など、ものすごいスピードで時代が動いている結果、経営者も短期的課題に危機感を持っているケースが多く見られます。たねやの経営には、急激なスピードとは逆の、いわば「遅効的」とも言える視点があるように感じました。

**山本**　先代から社長を引き受けた時に唯一言われたことは、なった瞬間から次の代をしっかり育てていけ、ということでした。たねやは私の会社ではなく、4代目の私がほんの一時、お預かりしているんだと。お預かりしているということは、お返しする時に、より良く次へと譲っていかないといけませ

ん。自分の代だけが良ければいいという経営ではなく、将来を見据えた中で、今は何をすべきかを考えるようになりました。私はあと何年、続けられるか分かりませんが、例えば50年先を思うときでも、今は何をしないとあかんのかということを考えています。短期的な販売計画とか、何とか戦略とかマーケティングとか、流行っているようなことには関心がありません（笑）。

　スタッフに言っているのは、自分の意見をしっかり持ちなさいということです。売り上げがこうなりましたとか誰々からこう言われましたといった報告より、自分はどうしたいのかということを聞きたいんです。自分が世の中にどうしたいのかということがない限り、計画は持ってきても白紙だと。こういうふうにしたいという自分の考えがあったら聞くけど、それがないならすぐにミーティングは終了します。やはり自分の意思が必要なんです。

ラ コリーナ内には、たねやの本社オフィスがある。フリーアドレスにしたり、内装や空間のインテリアを工夫したりするなど、社員の創造性を重視した環境にした

先代たちがずっと今日まで、たねやというブランドを滋賀県の中で、近江八幡と言えばたねやと言ってもらえるようなものをつくってきました。その大事なものを引き継いでやっていくときに、中途半端な考え方でやるんだったら、やめたほうがいい。ラ コリーナをつくるときも、中途半端なものはつくりたくない、本物をつくりたいと、本当にギリギリまで悩みました。結果的にいったん計画を見直して、ちょっと手痛い費用を払いました。でも今となってみたら、ゆるぎないものがつくれたと思います。

**細谷**　まっとうな考えがカタチになっていくことは、決してお金には代えられない価値であるということですね。

**山本**　「自然に学ぶ」というのは、そういうことなのかなと思います。今は自分の背ぐらいの木が、20年したら森になるんですよ。ちょっとずつ、ちょっとずつ大きくなった結果が、10年後、20年後に、あるいは100年後に花開く。私たちの経営の考え方というのか、理念というのは、そういうものなんです。
　外部にたねやの方針を考えてもらうのも一つですけど、どん臭くてもすべて私たちでやることが、このたねやを築いてきたことになる。そのためには、常にいろいろなところから情報を集めて、自分の言葉として返していく。自分の考えとして結果を出していく。だから本社も見直し、フリーアドレスにしたり、内部の空間もイマジネーションを発揮させるような場に変えたりしました。社内の各部門の垣根を越えてミーティングするのもいいし、外部の人とディスカッションするのもいい。創造力を発揮できるようにしたつもりです。ここに来ればいろいろな情報が集まる場なのだと。プラットフォームみたいになっていけばいいなという思いでつくっているんです。

**細谷**　どんなに世の中がデジタル化しようが、そこに人間としての意思がきちんと入っているかが重要ですね。

**山本**　今後、IoT や AI はどんどん進化していくでしょう。数年後にはどん

な時代になっているか分かりません。大阪で2025年に万国博覧会が開催されますが、そうした時期を過ぎれば、ロボットと人が生活をする時代が現実に来るかもしれません。そんな時に古臭いことを言っても仕方ありません。AI が発達すれば当然、私たちも使っていくでしょう。世の中の空気感を読んで、しっかりと受け止めていきます。でも、そこに人がどう関わるかということを忘れたら、たねやじゃなくなります。私たちにとって最大の喜びは、たねやのお菓子を食べた瞬間にお客さまに笑顔になっていただくことです。一つのお菓子が、幸せを運ぶ。お菓子屋として、そこを忘れてはいけません。

**細谷**　本日はとても楽しいお話をありがとうございました。

# 将来のために、お客さまのために、本物だけを育てる

自然と人の共生を表現した空間「ラ コリーナ近江八幡」（写真提供／たねや）

　菓子の素材は自然の恵みからできているという考えの下、たねやグループはたねやの精神を伝える「場」として、自然と人の共生を表現した空間「ラ コリーナ近江八幡」（以下、ラ コリーナ）をつくった。八幡山から連なる丘にあり、たねやが自ら木を植えている。ここには蛍が舞う小川の他、さまざまな生き物たちが棲む田畑もある。

　そのような環境の中に、建築家・建築史家の藤森照信氏からアドバイスを受けた店舗があり、和・洋菓子のショップをはじめ、飲食店やマルシェ、さらには本社オフィスまでが自然と寄り添いながら存在している。「自然に学ぶ」というたねやのコンセプトには、人々と自然がつながっていく場としてすべての空間が計画されている。年間311万人のお客さまが訪れ、Instagram

などのSNSでは、若年層や家族連れが「#ラ コリーナ近江八幡」や「#ラ コリーナ」で画像を載せている。現在Instagramの画像投稿数は10数万まで増加している。その圧倒的な人気の理由を知るためにラ コリーナを訪問した。

## 「農は藝術」という「たねや農藝」の存在意義

　中でも私が最も注目したエリアがあった。それはラ コリーナの敷地の奥にある関係者以外は立ち入り禁止の場所にある。そこには、緩やかな弧を描く建物があった。「農は藝術」であるという考えの下、一歩進んだ"農"の在り方を「たねや農藝」として実践している場だ。

ラ コリーナの立ち入り禁止区域に入ると弧を描いた「たねや農藝」が見えてくる

中に入ると、鉢植えにされた山野草
が数多くある

　たねやが目指すのは、四季折々の野菜や果物作りを通して自然と共生する
農業。この建物では、たねやのコンセプトである「自然に学ぶ」を体現する
事業を行っている。たねやには農藝部門があり、３つの専門分野に分かれて
いる。有機農法で米や野菜を作る「北之庄菜園」、景観づくりを行う「ラ コ
リーナ造園」、たねやの店舗に山野草の寄せ植えを届ける「愛四季苑」。「た
ねや農藝」の前身は、もともと自社でよもぎ団子を作るために、よもぎを栽
培したことから始まった事業だという。

　菓子メーカーが農業まで行う理由は、原材料であるお米や小豆のほとんど
が、農産物だからだ。農業の大変さをたねや自身が知り、自らが体感するこ
とが必要だと考え、自社で農業をしている。最終的には、試行錯誤しながら
手作業で農作物を作ることで、有機農法や無農薬農法の知見を蓄積し、その

農法を滋賀県内の農家に還元したいと考えているのだ。

　驚くべきは約500種類、約3万株もの山野草も育て、たねやの店舗に山野草の寄せ植えを届ける愛四季苑というチームの存在だ。「和菓子は季節を取り入れ味わうものだからこそ、季節の山野草を店に飾ることでお客さまにも四季を感じていただきたい」という、たねやの思いから生まれた愛四季苑は約30年前、東京・中央区の日本橋三越のたねや店舗に山野草を届けることからスタートした。

## 将来のために、お客さまのために、約500種類の山野草を育てる

　この直接的な利益を目指していない愛四季苑の事業にこそ、たねやブランディングの神髄が見え隠れしていると思った。愛四季苑の活動そのものに、

これらの山野草は、各店舗に送られる。愛四季苑では、各店舗に向けた山野草の鉢植えを毎週、納品して交換している。その数は約70鉢。左は東京・渋谷の東急百貨店本店のたねや店舗向けで、右は神戸市の神戸阪急店向け

学びがあること、原体験や原風景があること、世の中の急激なスピードとは逆の遅効的な視点を持ち持続可能であることの3つが備わっている。

　通常、百貨店の店舗の中には植物がほとんどない。ラ コリーナの山野草をたねやの店頭に飾ることで、お菓子を買ってくださるお客さまに季節を体感していただくことができるというのだ。また、店頭でのお客さまとのコミュニケーションツールでもあり、たねやの「自然に学ぶ」を店頭で象徴的に表現しているものであるとも言える。

東京・中央区の日本橋髙島屋のたねや店頭にある山野草

## 近江商人の精神性「三方よし」が共感を呼ぶ

　一般的に菓子ブランドは、創業年数がブランドの強みへとつながっている。たねやは、菓子の製造・販売を明治時代から145年以上も続けてきているが、競合には創業約480年というブランドも存在する。しかし、単なる創

業年数による差異化では意味がない。

　愛四季苑の事業が正しく象徴しているように、山本さんの泥臭くてもいいという思いで代々伝わってきた考え方「自然に学ぶ」が、たねやの精神かつ唯一無二の独自性として表現されている。すべての社員が熟読するというたねやの「商いの心得」をまとめた『末廣正統苑』とともに、経営に対する姿勢が結果的に地元近江商人の精神性「三方よし」に返っていくという話は、大変興味深いものだった。

『末廣正統苑』は、たねやの「商いの心得」をまとめたもので、すべての社員が熟読するという

　今後、SDGs（持続可能な開発目標）のような社会との関わり合い方は不可欠となる。そのとき、菓子ブランドも創業年数による物差しではなく、近江商人の精神性である「売り手」「買い手」「世間」の「三方よし」がこれからのお客さまに共感されるであろうと考えている姿勢とその行動は、たねやブランドをさらに強固にしていく。

『末廣正統苑』を持つ、たねやの山本昌仁 CEO（最高経営責任者）

　ビジネスで SDGs について議論されない日はないだろう。生活者は問題を解決し続けている具体的な行動に共感している。三方よしが具現化されているラ コリーナは、年間311万人の集客を生み出している。社会的意義を考えるときに、私たちは具体的な行動よりもそのプロセスに時間をかけてしまいがちだ。しかし、その手段に縛られ過ぎてしまうと実現できないことが多

い。これからの時代に向けてブランドをつくるために何を大切にしているのかと山本さんに質問したところ、印象的な回答が返ってきた。「たねやは私の会社ではなく、4代目の私がほんの一時、お預かりしているのです」。つまり、自分の代だけが良ければいいということではなく、次の代にとって今は何をすべきかを考えるブランド・マネジメントが必要であるということだ。同族で100年以上受け継ぐ企業には、必ずこの考え方が根付いている。これこそが100年を超える老舗企業が日本に約3万5000社存在するという老舗ブランドの強みである。

　一般的に、数年単位で経営者やブランド・マネジャーが代わるケースは少なくない。数年のマネジメントで短期的視点の結果を求めるだけでなく、遅効的とも言える時間軸を組み入れて考えることもブランディング上、必要であるということを実証している。思想が継承されにくい企業や事業の場合は、ブランド・エクイティを定義しておくことがブランドの維持に必要となることは言うまでもない。

## 「本物」だけが人を呼び、さらに人を呼ぶ

　商品だけでなく、空間として季節や自然を感じることができ、お客さま一人ひとりの幸福度や満足度が向上していくという循環こそが、デジタル時代に求められる価値だ。「本物」だけが継続的に人を呼び、さらに人を呼ぶという、当たり前のことを愚直に実践している。

　山本さんはラ コリーナを建設するときにも藤森氏に「本物」を追求することが大切だと言われ続けたという。どんなに世の中がデジタル化されようとも、嘘のない、まっとうなことを、素直に裏表なくやっていくことが大切だからだ。きっと「まっとうな考え」は「自然に学ぶ」の愛四季苑のような実践の中で得られるのだろう。樹木のように、地道に少しずつ大きくなり続けた結果が100年後にブランドとして大きく花開いていくのだ。

AIが発達すれば当然、技術を使うこともいとわないのがこれからの時代。もちろん、時代の流れを読んで順応していくことは必要である。しかし、そこに人間がどう関わるか、ブランド戦略を考える際に、時の流れをゆっくりと捉えて大局的に見つめ、大胆に攻める"勇気"こそが、人間にしかできない戦略の企て方になる。たねやの事例は、時代が大きく変わろうとも焦ることなく空間的記憶と時間軸の関係性を考える必要があることを教えてくれた。

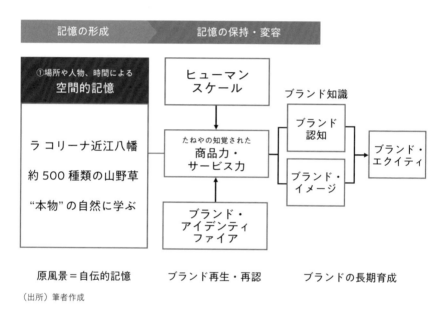

（出所）筆者作成

# 京都の景観を守るため、町家の価値を再生する

写真の「京の温所　岡崎」の他、「釜座二条」「御幸町夷川」「麩屋町二条」など合計8棟の宿泊施設があり、一棟を貸し切りで提供。心が安らぐ豊かな時間を自由に過ごせるようにデザインしている（写真提供／ワコール）

**細谷**　ワコールは2018年4月から、町家をリノベーションした「京の温所おんどころ岡崎」などを含め、合計8棟の宿泊施設を京都市内にオープンしています。町家の価値を生かし、泊まるだけではなく、京都に暮らしているような体験を提供しているとも言えるでしょう。ネーミングやコンセプト、ロゴデザインの監修を著名なデザイナーの皆川明氏が担当するなど、多くのクリエイターが参加している点も注目されました。東京・青山の複合文化施設「スパイラル」を運営するグループ会社のワコールアートセンターと連携し、ワコールならではの視点で京都の魅力を発信しようとしていると聞きます。こうした宿泊施設を、なぜワコールが手掛けるのか。まずは背景や理由を教えてください。

ワコールで新規事業を担当する山口雅史副社長

今回の事業を提案した楠木章弘町家営業部長

（写真／行友重治）

**山口** 当社はインナーウエアを中心にお客さまにさまざまな価値を提供する会社ですが、少子高齢化の進行やファストファッションの増加など、国内の市場は大きく変化しています。次の柱を育てるためにも、新しい事業開発にチャレンジしなくてはなりません。13年度から社内公募制度を立ち上げてアイデアを募集したところ、今回の町家を生かした宿泊事業の提案が楠木（章弘）から出てきました。

**楠木** もともとはスパイラルとの連携で、ワコールグループ全体のシナジーを何か出せないかというテーマで考えていました。それを実現するとともに社会課題を解決する事業を提案したいと思案していたところ、社会との共存が重要になると考え、京都が抱えている課題である町家の減少問題が浮かび上がってきたのです。京都の景観が危機的な状況にあると知り、何とか町家を保全し活用できないかと考え、リノベーションした宿泊事業に結びつきました。

**山口** ワコールの事業は女性を美しくするというのが最大のテーマで、美はもちろんですが、健康や快適さを提供し続けていく、というのもミッションです。今回の町家の事業は当社の事業領域に、100％ではありませんが、かなり重なる部分がありました。多くの町家は空き家になったり、マンションや駐車場になったりしていますし、京都の古き良き街並みがどんどんなくなっていく。当社は京都に生まれ、京都に育ててもらった企業なので、京都に対して恩返しをしないといけないという意識もありました。そこで京都の魅力度がアップする事業として、さらにワコールのブランドや企業イメージが向上し、ワコールの新たな価値にもつながると思い、ゴーサインを出したのです。

　もちろん事業として推進する以上、当社も利益を出さないと続けていけませんし、ワコールが手掛ける意義がお客さまに伝わらないと意味がありません。事業化に成功しなければ、当社のブランド価値にも影響を与えるでしょう。まずは約3年間で合計10軒ぐらいをオープンしたいと考えています。今後は稼働率を上げて採算ベースに乗せていきます。

**細谷** 宿泊事業は女性が求めるライフスタイルの提案にもつながります。ワコールのお客さまとも親和性が高いのではないでしょうか。

**楠木** おっしゃる通りです。京の温所は品質にこだわった施設ですから、ワコールの高品質なブランドに信頼を寄せていただいているお客さまと合うと思います。美や健康、快適さという当社のテーマにも親和性があります。美は施設の美しさに共通し、健康は心のゆとりであり、ほっとするイメージです。そして、美と健康が快適さにもつながっています。

　町家の状況を調査すると、町家を使った飲食店は多いんですよ。しかし飲食店向けにリノベーションすると、厨房をつくったり全部吹き抜けにしたり、飲食店以外には使えなかったりします。当社は町家をお借りして宿泊施設としてリノベーションしているので、住居としてお返しすることができます。ライフスタイルの「衣・食・住」のうち、「衣」は手掛けてきているの

「岡崎」の門をくぐると、玄関まで長い路地が
続くなど、隠れ家的な雰囲気を持つ

で、今回は「住」というわけです。

## 品質にこだわった価値の提供は宿泊事業でも同じ

**細谷**　どんな生活様式や価値観を持ったお客さまをターゲットにしたのでしょうか。

**楠木**　私が社内で事業構想をプレゼンテーションしたときから、「人文知」を重んじる方を狙っていました。簡単に言うと、文化に興味のある方です。伝統文化とかアートなどに関心を示す方をターゲットにしたいと。また、女性同士や3世代、ご夫婦などにお越しいただきたいと考えています。

**山口**　当社は品質にすごくこだわっています。それがお客さまとの信頼関係につながっています。だから、京の温所も品質にはすごくこだわった空間にして、庭も整備しました。まさにそこが当社でずっと大事にしてきたところだと思います。商品を「はい、どうぞ」とただ渡すのではなく、お客さまとの心のつながりや空間、文化が当社の価値になっている。

　宿泊事業はワコールとは違うと言う方もいるかもしれませんが、実は同じです。今まではあまり考えてこなかっただけで、楠木が提案してくれたので気づきました。形は違いますが、我々がやりたいことは町家でも表現できます。単なる町家のリノベーションではなく、高品質な価値の提供こそがワコールの使命ですから、コンセプトやデザインには皆川さんをはじめ、有名な建築家の方にお手伝いいただいています。

**細谷**　コンセプトづくりについて、皆川さんとはどんなことを話し合ったのですか。

**楠木**　旅は非日常と言われますが、そうではなく、京都の日常を旅の中で体験してもらえるようにしたらどうか、という意見が皆川さんから出てきました。非日常ではなく、もう一つの日常をコンセプトにしましょうと。だか

内部も品質にこだわった。「岡崎」1階の座敷には雪見障子があり、庭を眺めることができる。床の間の置物も定期的に替えていく

ら、キッチンも充実させるようにしました。皆川さんも料理がお好きで、自分で作られて社員にふるまわれたりするそうです。スパイラルのつながりから、皆川さんとは以前より接点があり、宿を手掛けたいと希望されていたので、今回の取り組みに結びつきました。

**細谷** 新しい事業を手掛けるとなると、今までとは違う苦労がありそうですが。

**楠木** 清掃は外部に委託していますが、任せきりではなく、清掃後のチェックはもちろん、時にはメンバーで清掃もしています。代行サービスにお任せするだけではノウハウがたまりませんが、自ら実行することで見えてくることがたくさんあります。今は6人のメンバーで実行していますが、ノウハウがたまってきたら、委託できるところは依頼したいと思っています。

写真は「岡崎」のキッチン。町家を「宿」ではなく、京都で暮らすような感覚を味わえるようにしている

また、お客さまの荷物運びなども自分たちでやっています。京都駅の近く
に受付オフィスがありますので、そこに荷物を持ってきていただき、午後4
時までは自由に荷物なしで京都を観光してもらう間に私たちが車でお運びす
るというサービスをご提供しています。私も率先して布団を敷いたり、荷物
を運んだりしています。

**細谷**　メーカーとは異なるお客さまのカスタマージャーニーを追いかけてい

食器類など生活用品も高品質なものをそろえた。施設全体で、「京都」が
日常に溶け込む暮らしへと誘っている

くと、細かい点でいろいろなサービスが必要になるのですね。

**楠木** 宿泊の予約時もメールで担当者が何回もお客さまとやりとりしているので、さまざまなニーズにお応えできます。どこへ行きたい、こんなものを食べたい、どこか紹介してほしい、といったことにもできる限り回答しています。

**細谷** メーカーとしてのワコールだけでなく、宿泊事業によってサービスを中心とした無形のブランド価値を生み出すという面も求められるのですね。

**山口** 当社にはどれも新しい経験になっています。メーカーが空間とか時間とか情報みたいなものをサービスとして提供できるようになれば、今までとは別のワコールになっていくかもしれません。これまでのワコールでは、宿泊事業をやりたいという声は、まず上がってはこなかった。美や健康、快適

「岡崎」の2階にあるベッドルーム

というドメインにはずっとこだわってきていて、やっぱり女性を美しくという部分は揺るぎないものがありますから。

　ただ、そう言いながらもマーケット環境の変化やインバウンドの増加など、京都の今後を考えると、いろいろな意味でタイミングがちょうどかみ合って今回、宿泊事業に結びついたように思います。こうした経験をワコールの新しい価値として育てていきたいですね。

**細谷**　本日は楽しいお話、ありがとうございました。

京都を「日常」として体験できる新たなサービスを目指す「京の温所」

# 町家のある原風景を、ワコールと地域で描き直す

「京の温所 釜座二条」は、建築家の中村好文氏とミナペルホネンの皆川明氏が手掛ける。現代生活に寄り添う「住まい」の町家として位置付けた（写真提供／ワコール）

　ワコールは町家をリノベーションした宿泊施設「京の温所」を京都市内に次々とオープンさせている。京の温所は長年、住居として利用されてきた町家の価値や特性を生かしながら、現代生活が共存する住空間としてリノベーションを施している。泊まるだけではなく、まるで京都に暮らしているかのような新しい体験を提供する宿泊施設だ。東京・青山の商業施設、スパイラルを運営するグループ会社のワコールアートセンターと連携しワコールならではの視点で京都の魅力を発信している。

「釜座二条」の庭にある樹齢100年のイヌマキの古木を臨むように造られたライブラリー。書籍は
BACH代表でブックディレクターの幅允孝氏が選んだ。暮らしを豊かにするこだわりが見え隠れする

## 京都の街並みが、このままでは消えてしまう

　2016年度の京都観光総合調査によると、京都の町家は約4万軒。そのうち
空き家は約6000軒。過去7年間で消滅した町家は約5600軒、オーナーの高
齢化に伴って老朽化や空き家が増加している。また年間5000万人以上の観
光客が訪れる京都は、宿泊客が約1500万人を超えていた。最近は新型コロ
ナウイルス感染拡大の影響でインバウンド客は減少しているが、京都は外国
人観光客の増加も問題になっていた。

　観光客が求める京都と言えば、落ち着いた京町家の雰囲気を連想する人が
多いだろう。町家は京都が受け継いできた重要な文化と言える。京都は戦災
を免れたため、わずかではあるものの江戸時代の家屋も残っている。町家の
間口は三間程度。狭くて奥行きが深い、いわゆる「うなぎの寝床」だ。た

だ、敷地が狭くても庭はあり、敷地の一番奥の往来から離れている場所に造られているのが一般的。商家なら、くぐり戸を抜けると商売を営む「店の間」があり、その奥に玄関庭が造られることもあったという。

　そんな美しい様式美を持った町家のある京都だが、かつてのような街並みが消えてしまう危機に直面していた。維持や管理の難しさから、空き家になったり取り壊され建て替えられたりして、町家は減少しつつある。一方で、旅行客の増加に伴う宿泊施設の不足から、次々とホテルやゲストハウスなどが建設され続けている。さらに外国資本が「街並み」を買い占める例も出てきていた。例えば、中国の投資会社が町家の並ぶ一角を買い取り、そこを中国風の名前で再開発する計画もあるようだ。

## なぜワコールが「宿」なのか

　そのような状況下で、なぜワコールが宿泊事業を始めたのだろうか。その理由は、2点ある。一つ目は、京都らしい街並みが変わり、特に町家が減り続ける危機感を地元企業として何とかしたい、という想いだ。そこで単に町家を活用して宿泊施設にするのではなく、オーナーから物件を借りてリノベーションをし、10年〜15年後にオーナーに戻すというビジネスモデルを考えた。ワコールが町家再生の事業を立ち上げると「自分の持っている町家を貸したい」という問い合わせが多くのオーナーからあったという。京都発祥のワコールであれば自分の町家を預けても安心だという信頼感につながったのだろう。

　2つ目はワコールが掲げる「美・快適・健康」というテーマの存在だ。それらと町家を再生する宿泊事業は一見すると違う。しかし「美・快適・健康」という3つのテーマを実現するには、高品質な衣食住が欠かせないという。その「住」に注目したのが京の温所である。コンセプトは京都で暮らす「もう一つの日常の体験」。著名なデザイナーの皆川明さんとともに考案した。

例えば、「京の温所　岡崎」ではキッチンやダイニングには、デザイン性で人気があるマルニ木工の家具が置かれ、奥の和室には雪見障子越しに中庭を見ながらくつろげる掘りごたつが配置されている。2階は寝室と和室で昔の梁をそのまま残した造りだ。床の間や玄関には、スパイラルが監修したアートピースが空間を演出している。これらが「もう一つの日常の体験」の実現につながっている。

　「空間や時間、情報のようなものをサービスとして提供できるようになれば、今までとは別のワコールになっていくかもしれません。これまでのワコールでは、宿泊事業をやりたいという声は、まず上がってはこなかった。美や健康、快適というドメインにはずっとこだわってきていて、やっぱり女性を美しくという部分は揺るぎないものがありますから」と山口さん。

## 町家のコミュニティーをいかに育て続けるか

　ワコールの取り組みは地域コミュニティーとのつながり方に対しても丁寧だ。事前に近隣住民への説明会を行い、リノベーションが完了したらオープン前に内覧会を開いて近隣住民の方々にも見学してもらう機会を設けている。例えば観光客によるキャリーケースをゴロゴロと転がす音が近所に響きわたらないように、ゲストを迎える機能として京都駅の近くでチェックインできる体制を整え、荷物を宿泊する町家まで届けるサービスも行っている。町家を扱ったビジネスを実現するためのハードはもちろん、地域住民に溶け込むソフトも提供している。

　企業ブランドという視点で考えると、地域の社会問題に関わりコミュニティーを重視する考え方は京都に根差しているワコールにとってブランド価値の向上につながる。ワコールが考える宿泊事業は、地域構造や課題を解決するだけでなく、守り抜いてきたコミュニティーを地域自らが育てていく考え方を大切にしている。地元で培ってきたワコールにしかできない地域との共

「岡崎」ではキッチンやダイニングにはマルニ木工の家具が何気なく使われるなど、上質な空間を自然に演出している

生を目指した新しい「住」の提案が見えてくる。それがブランド・エクイティへとつながろうとしている。

　注目すべき点は、町家という京都における空間的記憶の再構築がこの宿泊事業の起点になっていることだ。従来の京都における商業化された宿泊施設という概念を否定し、町家を宿泊施設に限らず京都の価値として未来に提供できるのではないか、とワコールは提言している。企業が地域社会との程よい距離感で介在している有効なブランディング事例だと言える。

　ただ、ワコールが地域課題を解決することで、ブランドへの愛着を高めるというアプローチは時間がかかる。この場合は町家を10年〜15年契約で借りているので、少なくとも20年〜30年は長期的視野で持続可能な取り組みとしてどう進めていくかが問われる。短期的なブランド戦略が多い中、成果が見えにくいこうした施策は後回しになりがちだ。日本企業の代表的な取り組みとしてぜひ継続してほしいブランディング施策だ。

　一方で、町家再生から俯瞰して都市構造の再生という枠組みで考えると、新たな視点が見えてくる。例えば病院やケアセンター、学校、保育園など都市における課題を企業のスキルを生かして解決し、地域社会に還元すれば、生活者にとって直接的なブランド・エクイティへとつながる。

　カスタマージャーニーやUXのように点と点をつなげるだけでなく、都市や地域社会などの「面」を想像するグランドデザインを描くことは、新たなブランディング方法だ。トヨタ自動車が発表した暮らしを支えるあらゆるモノやサービスをオンラインでつなげる実証都市「コネクティッド・シティ」はまさしくその流れの動きである。企業や社会のブランディングで原風景を守り、新たにつくり上げるためには、社内のマーケティング担当者やデザイナーだけで考えるのには限界がある。外部の技術者、都市計画者、社会学者、環境学者、医学者、文化人類学者、文学、歴史家、音楽家など多岐にわ

たる領域の研究者や実務者とのコラボレーションが不可欠である。

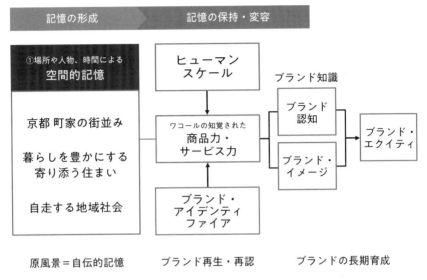

（出所）筆者作成

## 6-2 五感や感情による情緒的記憶

　ここからは、新しい記憶の形成にむけて主に①空間的記憶から発展し②五感や感情による情緒的記憶の創造に挑んでいる3事例を取り上げる。良品計画「GACHA（ガチャ）」、コンサドーレ「北海道コンサドーレ札幌」、ジンズ「JINS Design Project」についてご紹介する。

**図表22　五感や感情による情緒的記憶**

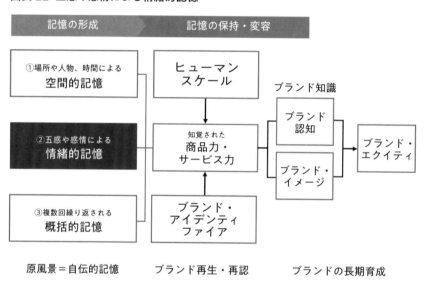

（出所）筆者作成

# 自動運転バスのモチーフは、カプセルトイの「ガチャガチャ」

良品計画がデザインした自動運転バス「GACHA」。車体の前後を意識させないユニークなデザイン
で2019年度グッドデザイン金賞を獲得している（写真提供／良品計画）

**細谷**　フィンランドで2020年中にも実用化を目指す自動運転バス「GACHA
（ガチャ）」のデザインを良品計画は手掛けています。公共交通機関として自
動運転の研究を行うフィンランド企業のSensible 4と、17年からプロジェク
トを推進しています。大雨や霧、雪といった過酷な気象条件でも動く点が特
徴で、本稼働を目指して現在はヘルシンキ近郊で公道での実証実験を推進中
です。

　本書では、デジタル時代の中でお客さまと企業がどのように関わっていく
かをテーマにしています。特に両者の関係性や"間合い"といった部分がど
う変化していくのかに私は関心を持っています。そのため生活雑貨の
「MUJI」（無印良品）ブランドで知られる良品計画が、なぜ自動運転に関心

（写真／丸毛 透）

## 矢野 直子（やの なおこ）氏

良品計画 生活雑貨部 企画デザイン担当部長

1993年、良品計画入社。店舗勤務を経て生活雑貨の商品企画を担当。2002年より3年間スウェーデンに移住、欧州 MUJI の商品企画開発に従事。帰国後、生活雑貨部 企画デザイン室で Found MUJI などを担当。08年、伊勢丹研究所（現、三越伊勢丹研究所）に入社。リビングフロアのディレクションと「moreTrees/ 鳩時計」「マルニ木工／ふしとカケラ」などの商品企画に携わる。13年より現職。14年より多摩美術大学統合デザイン学科非常勤講師

を示したのか、しかも乗用車ではなくなぜバスだったのかをぜひ聞きたいと思っています。

**矢野** プロジェクトのきっかけは、フィンランドのヘルシンキで毎年開催される伝統あるインテリアデザインの見本市「Habitare（ハビターレ）」に、会長の金井（政明）が17年の開催時にトークイベントで招待されたことで

（写真／丸毛 透）

## 斎藤 勇一（さいとう ゆういち）氏

良品計画 ソーシャルグッド事業部 部付課長

2018年より良品計画ソーシャルグッド事業部に所属。地域のさまざまな社会課題に取り組み、新たな生活価値を創出するためのソーシャルリノベーション事業に従事。 GACHA プロジェクトでは、グランドデザインの策定とロードマップの立案を行うとともに、Sensible 4 とフィンランドでの実証試験の対応を行う。現在ソーシャルグッド事業部 部付課長を務める

した。世界中で「感じ良いくらし」を提案している無印良品の姿勢などを伝えた他、今後の暮らし方として誰もがシェアをするモビリティーの存在が普通になっていくだろうという考えを話しました。それを Sensible 4 のメンバーが聞き、「自分たちがやりたいことと同じだ」と共感していただいたのでデザインの依頼がありました。

　無印良品は日用品などをはじめ、最近は家やホテルまでつくっています

が、乗り物はほとんど手掛けていません。そこでまずは、Sensible 4のメンバーに会いに同年12月にフィンランドに行きました。Sensible 4は公共性を重視し、個人の車ではなくバスの開発を狙っていました。気候が厳しい国のために全天候型として開発を進め、北極圏でも対応できる高い技術を持っていました。ただエンジニア集団なので、デザインの支援が欲しかったそうです。

　フィンランドに行って私たちが強く感じたことは、行政から市民レベルまでデザインに対する高い意識が浸透している点でした。国土の多くが森林地帯で、豊かな自然と人が共生しているような国だからでしょうか、暮らし方や人と人とのコミュニケーションまでも「デザイン」として捉えていました。街中の商店を運営する普通のおじさんも、デザインを口にするほどでした。だからこそ Sensible 4もデザインにこだわりたかったのでしょう。デザインを重視するという企業の姿勢が当社と合致していたので、引き受けようと考えたのです。

　加えて今回は個人の車ではなく、公共交通機関であるバスのデザインだったことも引き受けた理由です。「感じ良いくらし」を実現するため、当社は商品の開発以外に社会課題の解決にも目を向けています。その視点からすると、高齢化が進む日本では、バスの重要性が高まっていると思います。地方の足として不可欠ですが、運営費などがハードルとなり路線維持が難しい状況にあると聞きます。そうした社会課題を Sensible 4の技術で解決できるかもしれないと思ったからです。

　このため単なるバスのデザインにとどまらず、社会課題の解決としてバスを中心にした地方のグランドデザインづくりも視野に入れています。例えば、バスを中心にしたエリアのデザインを考えることで、人と人、人とエリアを結ぶ新しいコミュニケーションツールの姿を打ち出していきたいと思っています。

　フィンランドの法律は他国と異なり、自動運転による公道の走行がすでに認められており、実証実験には最適です。フィンランドや日本、そしてさまざまな国にも展開していく計画です。

2019年3月8日に、フィンランドのヘルシンキ中央図書館で開催したワールドプレミア。実働車両のプロトタイプを一般公開し、冬の天候の中での走行を体験できる試乗会を行った。大勢が集まり、自動運転の公共バスに高い関心を寄せていた

## 「ソーシャルグッド事業部」を発足、地方創生事業に乗り出す

**細谷**　グランドデザインの考え方は、今回のプロジェクトで初めて出てきたのでしょうか。それとも以前からあったのでしょうか。

**矢野**　ここ最近ですね。当社は素材を見直し、生産工程の手間を省き、包装を簡略にするなど、シンプルで美しい商品を作り続けてきました。1980年に始まった無印良品というブランドは、2020年に40周年を迎えますが、これらの方針は今でも大事にしています。

　ただし良い商品を開発しても、販売エリアは主に都市周辺です。では地方はどうするか。商品を開発して「感じ良いくらし」を店舗から伝えるだけではなく、別のアプローチが必要ではないかと思ってきました。そこで3年ぐ

らい前から地方にある道の駅を再生させたり廃校を再活用したりするビジネスを、水面下で続けてきました。今までの実績を踏まえ、18年2月にソーシャルグッド事業部と呼ぶ部門を発足させ、社会課題の解決の一環として、地方創生の事業に正式に乗り出したのです。こうした動きが、グランドデザインを描くという考え方に結びついたのです。ソーシャルグッド事業部とGACHA のスタート時期は同じぐらいだったので、GACHA のプロジェクトで初めてグランドデザインを打ち出したわけではありません。

**斎藤** ソーシャルグッド事業部の狙いは地方のさまざまな社会課題に取り組み、新たな生活の価値を創出しようということにありました。道の駅や廃校に加えて古民家の利活用、さらには"シャッター通り"となっている中心市街地の活性化なども進めています。

　どの地域でも地元の方々と一緒に取り組んでおり、いろいろな課題を聞いていくと、どうしても移動手段に対する不安の声が出てきます。地方では車が不可欠ですが、高齢者になれば免許返納を迫られ、買い物に行けないという人がたくさんいました。そうした状況に GACHA のような自動運転によるバスが、人と人、人とエリアを結ぶコミュニケーションのツールとして当てはまるのではと考えています。

　当社が GACHA を手掛けていることを知って、日本の地方でも GACHA を使いたいというお声も頂戴します。自動運転というと先進的な技術の話になりがちですが、移動手段であり、車に変わりはありません。グランドデザインにおいては、当社だけで考えるのではなく、地方の方々の声を聞いて活用シーンを一緒に考えていきたいですね。

## カプセルトイの「ガチャガチャ」のイメージから「GACHA」に

**細谷** GACHA のデザインは、どういう発想から生まれたのでしょうか。

**矢野** 当社のアドバイザリーボードのメンバーであるデザイナーの深澤直人さんと今回のプロジェクトについて議論していたとき、カプセルトイの「ガ

GACHA の車体の周囲には LED をベルト状に配置して文字を表示し、外部とコミュニケーションできるようにした

GACHA では内部を囲むように座席があり、乗客たちからは自然に会話が生まれそうだ

チャガチャ」のイメージが浮かびました。自動販売機に硬貨を入れてレバーを回すと玩具が入った丸いカプセルが出てきますが、開けてみないと中は分かりません。

同様に自動運転といっても中を一般の車のような座席にするのではなく、ぱかっと開けたら店舗だったり図書館だったりしてもいい。人を A から B まで連れていく移動手段だけにこだわる必要はないのでは、と話しました。そこでコードネームを GACHA とし、Sensible 4 も気に入ってくれたので正式名称にしたのです。

ガチャガチャのカプセルのような球形をモチーフに、GACHA もできるだけ凹凸の少ない外観にしています。全天候型として、雪を積もりにくくするデザインでもあります。運転席がないので、一般の車のように前と後ろを意識させる必要もありません。前を照らすヘッドライトはやめて、車体の周囲に LED をベルト状に配置することにしました。ここに文字を表示すれば外部と 360 度でコミュニケーションができます。座席も GACHA の特徴で、周囲の窓に沿って配置しました。国によって左側通行とか、右側通行などと交通ルールが異なっても使用できます。

**細谷**　なるほど、自動車メーカーが開発すると一般のバスをベースに発想しがちですね。車とは無縁だった無印良品だからこそ、新しいデザインが生まれたのでしょう。

**斎藤**　2019 年にフィンランドで行った公道での実証実験のとき、大勢のお客さまに乗っていただき安心しました。自動運転が敬遠され、ほとんどお客さまがいなかったらどうしようかと思いました。ですが実際は毎日乗車してくださる方もいましたし、頂戴したご意見からも GACHA が生活の一部になり得ることを実感しました。お客さまから見た場合に、人が運転しても自動運転でも、目的地に安全にたどり着ければいい。自動運転だから生まれる価値、GACHA でしか提供できない価値を今後、どう生み出すかを日々考えています。

**矢野**　乗っていただくと分かりますが、お客さまが座っている様子が、まるでサウナにいる感じなんです。丸っこい内部で人と人が寄り添っていますからね。フィンランドはサウナが盛んな国というのもあるのか、自然とお客さま同士の会話が生まれ、笑顔になっている。大した仕掛けはありませんが、何か自然とニコニコするようなデザインに仕上がったと思っています。生活雑貨と車で分野は違いますが、やはり無印良品らしいデザインになっているようです。

**細谷**　お客さまがどういう暮らし方をするか、という点に常に軸足を置いて考え方がぶれないから、自動運転でも GACHA のようなデザインが生まれたのですね。今後の計画をお聞かせください。日本でも走らせるのでしょうか。

**斎藤**　2020 年度中には日本で走らせたいと思っており、地方自治体やパートナー企業と話をしています。

**細谷**　日本でどんな変化が起こるのかが楽しみですね。本日はありがとうございました。

# 「感じ良いくらし」が、街の中を走り出す

GACHA の外観は自動車メーカーのデザインと全く異なる（写真提供／良品計画）

　「無印良品」を手掛ける良品計画が、自動運転バスの「GACHA」をフィンランドでデザインした。無印良品と聞いて自動車メーカーとは異なる感性価値への期待があった。日本ではなくフィンランドだったことは、無印良品が新たなステージを展開し始めたように感じさせる。

　なぜ自動運転バスなのか。インタビューに臨む前、私は自分なりの仮説を持っていた。無印良品は自動運転バスを地域の「場」として捉え、そこに人と人、もしくは人と社会の"間合い"のようなものを想定して独自に整理したからこそ、誰にもまねできない自動運転バスが生まれたのではないかと。それは、空間的記憶だけでなく情緒的記憶にも発展する。そしてインタビューでは、独自の視点やものづくり・街づくりについて、同社の矢野さんと斎藤さんにお話を伺った。

初めに浮かんだ疑問は、なぜ無印良品はモビリティー分野、しかも自動運転バスにデザインを提供したのかという点だ。インタビューの結果、その理由は主に4つあることが分かった。

　（1）共同開発を行ったフィンランド企業の Sensible 4が、バスの自動運転化を前提にしていたこと、（2）Sensible 4はすでに北極圏で自動運転バスの実証実験を進めており、寒い冬にも耐える強固なシステムを開発していたこと、（3）フィンランドは過疎の問題が存在する一方、大手 IT 企業があり技術やインフラが発達するなど日本と状況が似ていること、（4）日本だけではなく世界中で地域インフラの交通手段が次々と廃止され、今後はさらに悪化しそうなこと、の4つの理由だった。

　これらの条件や現状から無印良品は、自動運転バスがフィンランドだけでなく日本や他の国の地域社会でも役立つ移動手段になると判断した。地域活性化に向けたリアルなツールとして、自動運転バスによるモビリティー分野のパーツが必要だった。さらに当初から過疎化の問題や地方創生の在り方について無印良品が高い意識を持っていたことで、Sensible 4とのコラボレーションを迅速に決定することができた。

## フィンランドは"共生"がデザインのテーマ

　GACHA のデザインについて話すためには、少しだけフィンランドという国に触れておく必要がある。フィンランドは、ファッションブランドのマリメッコ、かつては携帯電話で知られたノキアなどデザイン性の高いものづくりを世界に発信してきた国だ。1155年〜1809年の間は隣国のスウェーデンに支配され、1809年からはロシア皇帝が君臨する大公国だった。

　1917年にロシア革命が起こると、その混乱に乗じて領邦議会が独立を宣

言し、フィンランド共和国が誕生する。長らくスウェーデンやロシアに支配されてきた背景ゆえに、誰かが特権的な階級に位置することなく、極端な格差によって惨めな思いをする国民が生まれないようにした。王政ではなく共和国として国民が平等に水準の高い暮らしができる国づくりを目指してきた。

　「そうした歴史の結果でしょうか、ものだけでなく暮らしをつくる仕組みも"デザイン"として、街中にデザインという言葉が自然と浸透しているようです。通りの八百屋さんから市長までもがデザインという言葉を日常的に使っているほどです」と矢野さんは言う。フィンランドには自動運転のテクノロジーだけでなく、デザインの面でも先進的な姿勢があったとも言える。実際、1920年代に始まったデザインの国際的なモダニズム（近代主義）の動きにも影響され、フィンランドのデザインもより効率化されたミニマルな美学に移行していく。その後のフィンランドのモダニズムにおいては20世紀を代表するフィンランドの建築家・デザイナーであるアルヴァ・アアルトの存在が大きく、デザインも自然と深くつながっていた。多くの人が環境や社会と共生しながら、ものづくりの質を可能な限り高め、多くの国民が高いレベルで"デザイン"の意味を深く捉えているのだ。

　GACHA は車体の前後を意識させないユニークなデザインで2019年度グッドデザイン金賞を獲得し、フィンランドで試運転を行ったときは多くの来場者の関心を呼んだ。既存の自動車とデザインが異なっても受け入れられた理由は、フィンランド人がデザインを重視しているからだ。

　また、自動運転というテクノロジーを活用したものづくりの先にある青写真を明確に描いていたと、矢野さんは語る。「無印良品はすでに消しゴムから家までつくっていますが、乗り物のデザインは珍しい。自動運転バスのデザインがゴールではなく、無印良品が考えている未来のグランドデザインの中で自動運転バスを人と人、人と地域のコミュニケーションツールとして位

フィンランドにある無印良品の店舗。独特の世界観はフィンランドでも魅力を放っている

置付けてデザインをしました」（矢野さん）

## 無印良品の「生活美学」とは

　無印良品のコンセプトの生みの親であるグラフィックデザイナー田中一光氏の言葉の中に、商いを通じて社会貢献し、暮らしに役立つ「生活美学」をつくるという思想がある。"美"という概念は、人それぞれであり、とても難しい言葉だ。

　しかし無印良品が生まれてからの約40年、その一つの答えを良品計画は提案し続けてきた。「無印良品ははっきりと自信に満ちた"これでいい"というものづくりを進めています。"これがいい"というものを引き立てる、"これでいい"をつくるというのが、私たちのデザインに対する姿勢です」（矢野さん）

　「図と地」という言葉がある。ある物が他の物を背景として全体の中から浮き上がって明瞭に知覚されるとき、前者を「図」と言い、背景に退く物を「地」として表す。物を地と図で捉えるならば、無印良品の位置はあくまでも「地」。黒子的で背景的なものづくりをしてきたのが無印良品の思想であり、その時代で変化しながら生まれる美しさこそが、無印良品が提供する「生活美学」であると考えるべきである。

　「おそらく自動運転バスのGACHAも、2019年から運営しているMUJI HOTEL GINZAも"これがいい"ではなく、それぞれの分野の中で自信に満ちた"これでいい"という良い塩梅をそのカテゴリーの中で常に探し続けています」（矢野さん）。その良い塩梅について、無印良品はどう考えているのだろうか。

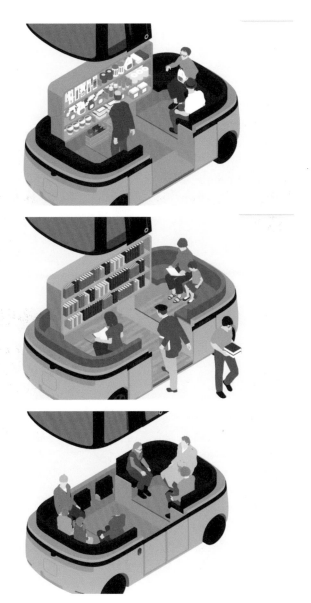

GACHA の内部は一般的な座席の機能だけではなく、移動する店舗や図書館も
想定してデザインしている

2018年4月にオープンした千葉県鴨川市の総合交流ターミナル「里のMUJI みんなみの里」。良品計画が指定管理者として運営しており、地域の農産物や物産の販売に加えて無印良品の店舗および飲食業態「Café&Meal MUJI」などがある

## 移動店舗や図書館にもなり地域との共生強化

　1980年にスタートした無印良品には基本的なものづくりへの姿勢として（1）素材を見直し適材適所に、（2）製造工程を見極めて無駄を省く、（3）包材を簡略化するの3つがある。これらは創業40周年を迎えた今でも大切なプリンシプルになっている。

　しかし、ものを売るだけで「感じ良いくらし」を伝えることは難しくなり、生活者に無印良品の思想が伝わりづらくなってきたという。実際、国内で言えば現在約490カ所の店舗のほとんどが都市やその近郊にあり、過疎地には展開していない。

　現在、無印良品は地域のさまざまな課題に対し、地道なアプローチで社会貢献活動を行っている。具体的には千葉県鴨川市の棚田再生支援や南房総市の白浜での廃校の活用、シャッター商店街となった地域中心部の活性化などだ。その延長として2018年2月にソーシャルグッド事業部を発足させ、「感じ良いくらし」の"グランドデザイン"を描くという考え方へと結びついていく。

　「地方創生の手法として、市街地のスケールを小さく保ち、歩いて行ける範囲を生活圏と捉えたコンパクトシティという発想があります。しかし既存の市街地は一つずつ結んでいく必要がありますから、公共交通機関は必要不可欠な存在です」（斎藤さん）。まさにGACHAは課題解決のピースにはまり、無印良品のグランドデザインを完成させる必要なモビリティツールなのだ。

　一般的に自動運転の話になると、技術や規制の問題ばかりが注目されがちだ。しかしプロモーションムービーの中では「感じ良いくらし」の装置としてGACHAが街の中を動いている。自動運転バスが図書館やスーパー、無

フィンランドの街中を走る GACHA は、地域との共生を目指す存在になっている

　印良品の店舗として街の中をぐるぐると回遊している様が描かれている。それは昔の街にあった、家の近くまで来ていた豆腐屋さんのような、肌触りのある心地よさを感じる。しかもネーミングは GACHA であり、幼い頃に遊んだ、あのコロコロ感のあるカプセルトイの"ガチャガチャ"がデザインコンセプトにある。丸々としたかわいい感じやワクワク感が街の中に幸福感を与え、GACHA のパーソナリティーイメージを形づくっていると言える。まさに自伝的記憶をくすぐられる。

　他社の自動運転バスのコンセプトとの違いは明確だ。未来都市を創造するという感覚ではなく、いつまでも未来に残しておきたい原風景や人間味のあるものを暮らしの中に残しておきたいという情緒的記憶が GACHA というコンセプトの中にしっかりと込められている。

## 情緒的なことは、暮らしそのものからにじみ出てくる

　無印良品は2002年から本格的にオブザベーション（観察）という視点を
取り入れてきた。マーチャンダイザーとデザイナーが一体となり、オブザベ
ーションによって商品を作り上げてきている。

　「創業時は40品目から始まって、現在は7000品目あります。しかし、
2000年の初めには9000品目までものを作ってしまった。そのとき本当に作
るべき必要なものを見つめるために、当社のアドバイザリーボードのメンバ
ーであるデザイナーの深澤直人さんや原研哉さんの助言でオブザベーション
を始めました」（矢野さん）

　無印良品のものづくりでは、数十軒もユーザーの自宅を訪問して観察し、

東京・豊島区における公園の再開発事業では「井戸端会議」として住民の意見を聞いている

図面を描いて、生活環境の課題や気づきを見つける。「情緒的なことは暮らしからにじみ出てきますから」（斎藤さん）

　生活者の自宅への訪問を徹底的に行い、それらで得られた知見を無印良品は重要視している。情緒的記憶をつくり出すこのような定性的な積み重ねが独自の感性価値を生み出しているのだ。

　同様にソーシャルグッド事業部でも、地域の声を集め、街歩きなどでオブザベーションを行っている。その一例として、無印良品は東京・豊島区における公園の再開発事業でも、地域住民から意見を聞いている。「公園にテントを張っていると、寒い中でも住民の人たちが集まって、自発的にいろいろ発言してくれます。話を聞く場をつくることが大切です」（矢野さん）

　さらにオブザベーションの必要性を感じれば、もう一歩踏み込んで、社員が該当する地域に実際に住んでみることもある。課題を"自分ごと化"するには、地域住民の視点で考えていく必要があるからだ。オブザベーションによって、数千品目ものものづくりを行い、そこににじみ出てくる暮らしを捉え続けてきたからこそ、無印良品は地域の課題に対しても住民に分かりやすい施策や言葉で語りかけることができるのだ。それこそが、無印良品の強みである。

## ソーシャルグッドは、最後はものづくりに回帰する

　「これからの20年を考えると、ソーシャルグッドとは何かを考えることは、無印良品のものづくりに確実に戻ってくるのではないかと思います」（矢野さん）

　ソーシャルグッドの視点で改めて見れば、一人暮らしの生活に必要なもの、都会で必要なもの、地域で必要なものが、違った景色として見えてくる

かもしれない。フィンランドの Sensible 4 との共同開発がなかったとして
も、必然的に無印良品が自動運転バスをつくることになっていただろう。そ
の地域の中で実際に暮らすことで、本当に必要なもの、不必要なものが見え
てくるという、無印良品らしいリアルな"身の丈感"のある考察は、問題を
解決するだけでなく問題を提起していく取り組みにもつながる。

　「図と地」の解釈で言えば、今までの無印良品は黒子的で背景的なものづ
くりである「地」の視点にあった。しかし無印良品のこれからの20年は、
地域社会を俯瞰する姿勢でグランドデザインを描き、明瞭に知覚された
「図」も併せて描くことが必要だと考えているようだ。今後、デジタル社会
が加速し、人と人が直接つながりやすくなるからこそ、ブランディングとし
て「図と地」の両輪を描くことが不可欠になっている。GACHA やソーシャ
ルグッド事業部の活動は、無印良品というブランドが次の段階へと向かって
いることを表している。

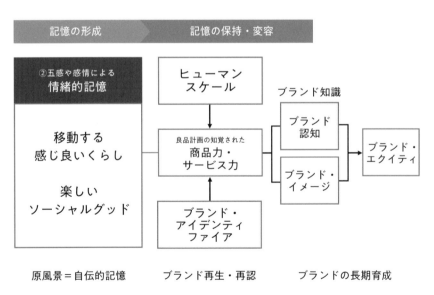

（出所）筆者作成

# "体育"の延長では、サッカーブランドは生まれない

（写真／丸毛 透）

## 相澤 陽介（あいざわ ようすけ）氏

北海道コンサドーレ札幌 クリエイティブディレクター

1977年埼玉県生まれ。多摩美術大学染織デザイン学科を卒業後、コム デ ギャルソンを経て2006年にホワイトマウンテニアリング（White Mountaineering）を立ち上げる。これまでに「Moncler W」「BURTON THIRTEEN」「adidas Originals by White Mountaineering」などのブランドのデザインを手掛ける。17年ハンティングワールドのクリエイティブディレクター。19年には北海道コンサドーレ札幌のクリエイティブディレクターに就任。その他、多摩美術大学生産デザイン学科の客員教授も務める

相澤氏が就任後に初めて作成した、北海道コンサドーレ札幌の前期日程のポスターグラフィック第1弾（画像提供／北海道コンサドーレ札幌）

相澤氏が手掛けた後期日程のポスターグラフィック。前期と同様に、選手が並んでいるだけの写真ではなく、躍動感がある表現を打ち出した

細谷　2019年2月、Jリーグの北海道コンサドーレ札幌は、ホワイトマウンテニアリングのデザインで知られる相澤陽介さんが、クリエイティブディレクターに就任したことを発表しました。ポスターグラフィックをはじめ、オフィシャルグッズなどのデザインも担当しています。相澤さんと言えば、ファッションブランドで知られていますが、スポーツという新分野を手掛けることに、ためらいとか戸惑いのような気持ちはありましたか。

相澤　全然ありませんでした。僕はサッカーの経験はなかったのですが、サッカーを見ることは大好きでした。仕事柄、欧州に行く機会が多く、現地のサッカー場にもよく足を運んでいました。ファッション業界では、一番か二番を争うぐらい、サッカーを生で観戦しているのでは、と自負しています（笑）。

　だからコンサドーレから声をかけられる以前から、日本のクラブチームもこんなデザインがあったらいいのでは、などと考えたことはあります。ただ、日本のプロスポーツの魅力は海外とは全く違うものだと思います。日本のプロスポーツは、いわば"体育会"の延長のようなもので、スポーツというよりも体育のイメージがあるような気がします。それが選手のあるべきイメージとか、ユニホームなどのデザインにも反映されているのではないでしょうか。

　一方、僕らが欧州サッカーに魅了される理由は、もうシンプルにかっこいいからですよ。まるでファッションブランドを見ているような感じです。そこの違いは大きいですね。実際、イタリアの「GQ」や「Esquire」といった著名な男性ファッション誌の表紙をクリスティアーノ・ロナウドなどの有名選手が飾っています。移動時のオフィシャルスーツやオフでの服も有名ブランドがサポートしている。

　もちろん日本のクラブチームもオフィシャルスーツを有名ブランドが手掛けています。しかし、それでも欧州と何かが違う。それはクラブチームとしてのブランドの一貫性にあると思いました。それぞれは、すごく良いものです。しかしブランディングは、単純にかっこいいスーツを着ることでないん

ですよ。

　ホワイトマウンテニアリングもそうですが、ファッションの場合、単にセンスの良い服を作って売るだけではなく、どんなメッセージを込めるか、どういう像に向けて自分の考えていることを形にするか、というところまでがセットです。そこにはカタログやインビテーションのデザインまで含んでいます。だからブランドとして伝わる。ファッションの視点で見ると、こうした部分が弱いと思いました。

**細谷**　今回、クリエイティブディレクターとしてタッチポイントをコントロールしながら、ポスターやオフィシャルグッズなどをブランディングの視点で全般にわたって見ていくのですね。

**相澤**　はい。既存のものをリスペクトしながら、まずはポスターやウェブ関係など、いわゆるアウトプット商材から着手しています。びっくりするぐらい多いんですよ。いきなり全部を変えるのは難しいので、3年で結果を出そうとしています。

　例えばチケットについても見直したいと思っています。セリエ A のチケットって見たことありますか？　すごくかっこいいデザインで、大事に保管しておきたくなるほどです。でも日本のチケットは、販売会社が扱っており、フォーマットが決まっていますから、簡単にデザインを変えることは難しい。でも、そうしたところも見直していきたいですね。コンサドーレのスタッフの名刺だって、もっと工夫できるかもしれない。そうした観点で一つひとつアップグレードをしていく。まだ本当に手探り状態ですが、続けていきたいですね。

## 欧州のサッカークラブに学ぶ、"かっこいいポスター"とは

**細谷**　ポスターのデザインも今までとは大きく違います。Twitter などを見るとサポーターの反響がすごいですね。

既存の製品もあるため、相澤氏が携わる新しい
アパレルやグッズを「CS Clothing」とした
他、製品の紹介写真では新しい見せ方を打ち出
した（写真提供／北海道コンサドーレ札幌）

アパレルやグッズを強調するというよ
り、ファッション誌のグラビアのような
イメージだ

選手をかっこよく見せるにはどうしたらいい
か。欧州のサッカークラブに学んだ

撮影にはファッションのカメラマンを使ったと
いう。このため、製品を見せるだけの写真とは
異なっている

相澤　まず初めに手掛けたのは、かっこいいポスターとは何かを分析したことでした。欧州サッカーのポスターの上にコンサドーレの選手の顔写真を置いてみると、やっぱり違います。スポーツとファッションのカメラマンの視点が異なるのかもしれません。

　日本の場合、開幕戦のポスターはどこもほとんど同じ。全員がグラウンドで並んでいるだけの場合もある。選手名鑑の写真もどれも変わりません。クラブチームとして撮っておきたい写真はありますが、ファンが見たい写真とは違うのではないでしょうか。ファッションのカメラマンやデザイナーを連れて選手の写真を撮ろうとすると、「こんな写真は、今まで見たことがない」と言う選手がいたほどです。

細谷　ご自身でファッションブランドを立ち上げる場合、お客さまと相澤さんの1対1という関係でブランドを考えればいいですが、サッカークラブとなると選手やフロント、サポーターもいます。いろいろな関係者がいる中で、どうやって束ねていくのでしょうか。またファッションブランドとサッカーブランドのつくり方の違いは何でしょうか。

相澤　確かにサッカーに限らず、プロスポーツの経営って、非常に多岐にわたり関係者も多い。ただコンサドーレの場合は、トップダウンの会社という点が大きいと思います。野々村芳和という社長が社内はもちろん、サポーターの前にも出ます。選手出身でクラブ運営の問題点も理解している。グッズ販売や来場者の動向だけでなく、他のスポーツの動きも見ています。僕も経営者として数字を追いかけてきたので考え方は同じです。野々村さんの存在はすごく重要で、そうした方がいたことでスムーズに運んだと思います。サッカーの話は全然していませんね（笑）。

　ただ、プロスポーツとファッションのビジネスの違いも分かってきました。強くなると売り上げも当然、伸びますが、それが桁違いです。例えば「ルヴァンカップ」（Jリーグ YBC ルヴァンカップ）で優勝すれば、賞金だ

けでなく来年のユニホームに星印が付きます。だから買い直すファンが大勢、出てきます。何かのきっかけで、一気に売り上げが変わる。19年のルヴァンカップは残念ながら決勝でPK戦の末に敗れ、川崎フロンターレが初優勝を果たしました。僕もピッチにいました。個人的に言えば、優勝すれば3年間でやろうと思っていた目標が一気に達成できると思っていましたので、PK戦のときはもうひやひやでした。一瞬で決まってしまうところが、すごい。もうアドレナリンが出まくりでした。

　ブランドのつくり方も違いますね。ファッションって好きな人に向けてつくるものですが、サッカーはあまりにもマス向けです。マスであることは守らないといけません。デザイナー目線の「かっこよさ」だけでは難しいでしょう。例えば、ぬいぐるみのようなファンシーグッズでも、子供が欲しい商品は残さないといけませんが、新しいアイテムも求められます。既存のものと共存していくことが前提になっています。強引にリブランディングを推し進めても、運営面から見てあつれきを生んでしまう。それがサッカークラブのブランディングには必要だと思います。

**細谷**　なるほど。ファンとは違い、ビジネスの視点でサッカーを見るのはまた、別の面白さがありそうです。勝負そのものがブランドに影響するような一瞬は、ビジネスの世界ではあまりないでしょう。本日は貴重なお話をありがとうございました。

# 感性を刺激して、選手やファン、地域まで強くする

相澤陽介クリエイティブディレクターによる「CS Clothing」グッズの例。2020シーズンの第1弾は、定番のTシャツやロングTシャツ、パーカーを新しくデザイン。Tシャツのグレーは丸井今井「シースペース」の限定カラーになる（写真提供／北海道コンサドーレ札幌、©2020 CONSADOLE）

　空間的記憶では特に空間や地域の重要性を述べてきた。しかし2020年に起きた新型コロナウイルスの影響でリアルな接点が制限される中、空間を超えて感情的要素をどのように創出し、それらをブランドづくりに反映させるべきなのかを、改めて考えさせられることになった。

　世界の第一線で活躍しているファッションデザイナーであり、北海道コンサドーレ札幌のクリエイティブディレクターでもある相澤さんへのインタビューの中で、感情的な関係性について重要なキーワードを聞くことができた。サッカーのように一つの会場に多くの観客が集まるスポーツや音楽などのエンターテインメントビジネスにとっては、まさしく空間の共有性を超越したブランドへの愛着をいかに育むかが今後不可欠になる。

相澤さんは「ファッションブランドは好きな人に向けてつくるものである一方、地域密着のサッカーブランドはあまりにもマス的な存在なので、誰にでも受け入れてもらえるようにしなくてはいけない」と考えている。それには、子供からシニアまで誰にでも受け入れてもらえるオープンなブランドとしての"おおらかさ"が必要だと言う。例えば、子供が好きなキャラクターアイテムもあれば、大人が欲しくなるようなかっこよく洗練されたグッズアイテムもあるように、マスな存在としてブランドの許容範囲が求められると考えている。

　パワーのあるクリエイティブは、すべて同じようなものに均一的に仕立ててしまう傾向がある。具体的に言えば、世界観が合わないものや幼稚なものは排除してしまいがちだ。しかし相澤さんはすべての要求を受け入れようとしている。サッカーブランドの最終目標はファンの愛着をつくることである。つまりサッカーブランドのクリエイティブも"おおらかさ"が求められるということだ。

　ただし、ここに課題がある。ブランドをマネジメントするためには最低限のルール設定が必要になる。例えば、ブランド・コンセプトやトーン＆マナー（視覚的なデザイン・マネジメント）、トーン・オブ・ボイス（言語的なデザイン・マネジメント）などで、ブランドの世界観を規定するのが通常だ。しかし、これらは一つの考え方に基づいて作成するため、コアターゲットを設定せずにマスを"おおらかさ"で許容しようとすると、ブランドの印象がぼやけてしまったり、独自性のない印象になってしまう傾向がある。

## 「勝利をおさめる」という提供価値

　しかし、相澤さんが語るように欧州のサッカークラブチームと地域を結びつけて考えれば、その"おおらかさ"の意味がよく分かる。個々の地域を代表するクラブチームにとって、どの地域であっても提供価値は明確だから

だ。それは「勝利をおさめる」ということに尽きるだろう。選手やサポーター、フロントや地域社会もすべてのステークホルダーが勝利を目指し、その願いを一つにしてブランドをつくる。これはサッカーに限らず、野球やラグビーなどスポーツブランディング特有のユニークな構造なのかもしれない。

　例えば野球の場合、阪神タイガースが負け続けると大阪の多くのタイガースファンは厳しい野次で文句ばかり言う。それでもファンは阪神を愛してやまない。甲子園近くの居酒屋でファンの話に耳を傾けていると悪口を言いながらも、"どうしたらタイガースは勝てるのか""昔のタイガースは強かった"など、熱狂的なファンになればなるほど自らの阪神愛を熱く語っている。
　ファンだけでなく、甲子園周りの居酒屋や地域社会も、そのすべてが"勝利をおさめる"という目的に向かっている。だからこそ、スポーツブランドは熱狂的なブランドを生み出すことができる可能性を秘めている。その好例が欧州のクラブチームである。

## 欧州サッカーブランドは巨額ビジネスに成長

　欧州では2010年代に入ってからの10年足らずで、サッカーがビジネスとして急激な変貌を遂げつつある。監査法人の米デロイトは、世界のクラブチームの"長者番付リスト"と言える「デロイト・フットボール・マネー・リーグ」を毎年発表している。これは20年以上前から発行されている調査リポートで、欧州5大リーグに所属するクラブチームを中心とした年間売上高ランキングのトップ20を掲載している。これを見ると、ブランド資産の面でもクラブチームは興味深い存在だということが分かる。

　例えば2018年〜2019年シーズンの売上高トップに輝いたクラブチームは、スペインのFCバルセロナだった。前シーズン首位だった同じくスペインのレアル・マドリードを抜いて初めて頂点に立ったのだ。金額は8億4080万ユーロ（約1030億円）を記録し、8億ユーロの大台を突破した初のクラブ

チームとなった。2位は首位の座を明け渡したレアル・マドリードで、7億5730万ユーロ（約930億円）。3位は英国（イングランド）のマンチェスター・ユナイテッドFCで7億1150万ユーロ（約870億円）、4位はドイツのFCバイエルン・ミュンヘンで6億6010万ユーロ（約810億円）。ビジネスとしての欧州プロサッカーは"ビッグクラブ"ではなく、"メガクラブ"と呼ぶ声もあるほどだ。

　イタリアのユヴェントスFCをはじめ欧州サッカーの頂点を目指せるトップクラブは、ブランドビジネスの企業体に変貌し、マーケットと収益構造を大きく変化させている。まさしく単なるメディアコンテンツビジネスではなく、グローバルな視点でのブランドビジネスとして、北米やアジアといった従来は未開拓だった地域にもマーケットを広げ、マーチャンダイジング、ブランド・ライセンスビジネス、スポンサー収入、広告ビジネスなどを収益源とするエンターテインメント企業に変化しているのが現状だ。

「勝利をおさめる」ことでさまざまな人々や、地域社会まで巻き込んだブランディングが可能になる ©2019 CONSADOLE

各クラブチームの新ユニホームの発表は、来シーズンを迎えるためのウォーミングアップとして恒例行事にもなっている。ファンは良質のサッカーだけでは満足できなくなり、プレーヤーの見た目も非常に大切な要素になってきているのが欧州クラブチームのトレンドだ。ファンの欲求は"ただ勝つだけでなく、スマートにかっこよく勝ってほしい"ことに移行しつつあるのだ。加えて、クラブチームがアパレルメーカーと何億円もの契約交渉を行い、ファンは毎年のように新しいユニホームを購入するという循環は、クラブチームにとって非常に重要なビジネスモデルになっている。

　このような世界の潮流から、ブランドビジネスという概念で北海道コンサドーレ札幌を検証してみると、もはや一つのクラブチームだけの問題ではなく、日本のサッカーにおけるブランドビジネスの課題が見え隠れしてくる。

## チーム強化につなげるクリエイティブ力

　日本プロサッカーリーグ（Ｊリーグ）でも、近年は英国出身のネヴィル・ブロディ氏が東京ヴェルディのエンブレムデザインを手掛けるなど、一流のデザイナーがブランディングの一部を担うケースは出てきている。しかし、相澤さんのような世界的なファッションデザイナーが北海道コンサドーレ札幌のクリエイティブディレクターとしてクラブチームのデザイン全般まで手掛けるのは異例だ。

　相澤さんへのインタビューで私が驚いたことは、相澤さんが得意とするファッションブランドとは違う視点でクラブチームのブランドを考えていたことだった。それは「戦力を強化するためのクリエイティブとは何か？」という視点である。まずはＪリーグのビジネスを見てみることにする。

　クラブチームの営業収入（売り上げ）には、3本柱として「入場料」「物販」「広告料」があり、この他にＪリーグ全体の「放映権」があると言われ

北海道コンサドーレ札幌の試合風景。クラブチームだけでなく、地域のブランディングとしての活性化を考えている ©2019 CONSADOLE

ている。入場料、物販、広告料は密接につながっており、観客数に比例して入場料やグッズ収入が増え、広告料を払うスポンサーが多く集まるといった好循環が生まれる。放映権についてはクラブチームの経営努力だけではなく、Jリーグ全体のブランド力向上が不可欠だ。

　2018年度の各リーグ（J1やJ2、J3）合計の営業収入は約1257億円（Jリーグの公式サイトより）で、17年度比での成長率は約113.7%。中でもヴィッセル神戸はJリーグ史上最高の営業収入で、96億6600万円を計上している。J1平均では約47億5500万円だが、コンサドーレは約30億円。そうした状況の中、クリエイティブの力でクラブチーム強化に貢献することこそが相澤さんが目指すゴールなのだ。ブランド力向上につながるクリエイティブ資産に投資し、ファンの感性価値を刺激することで愛着を育むという考え方だ。

ブランド力を高めてファンの愛着を育む。観客数が増えればグッズなどの売り上げも伸び、クラブチームの強化に貢献するという好循環につながる ©2019 CONSADOLE

## 日本らしいサッカークラブチームのブランドづくりへ

　相澤さんによると、国内のクラブチームは欧州とは異なり、ユニホームやタオルなどのグッズからポスター、チケットなどまで独自にデザインをすることは、マンパワー的にも資金的にも難しかったという。しかしブランド力を高めれば、観客数が増えてグッズなどの売り上げも伸ばすことができる。そうなるとクラブチームの営業収入が増え、活躍が期待できる選手をさらに獲得でき、もっと強くなることで営業収入が増えていく。こういったクラブチームの強化につながるプラスの循環を明確にイメージして、相澤さんはブランド力向上のためのクリエイティブ戦略を考えている。

　ただし単なるグッズやポスター、チケットだけがデザインの範囲ではな

い。イングランドのニューカッスルを本拠地とするニューカッスル・ユナイテッド FC のセントジェームズパークというホームスタジアムとその周辺の話も相澤さんから聞くことができた。ニューカッスルは住民が数万人の小さな街ながら、サッカーの試合がある日は街中やパブがサッカー一色で埋め尽くされ、クラブチームのデザインでいっぱいになるという。

　ここまでくると、クラブチームだけの感性価値の問題ではなくなる。地域や住民までもが一体となったニューカッスルという "地域ブランド" をどう考えるかということにつながる。今後は、スポンサーなどクラブチームを取り巻くさまざまな企業との連携を深め、統一感を持たせるような情緒的な価値向上が必要になる。「札幌もニューカッスルのようになったらいい」と相澤さんも言うように、今後クラブチームは顧客やサポーターに加え、地域のコミュニティーまで含めたブランディングが求められる。

　新型コロナの影響でライブ活動ができない音楽アーティストやオーケストラ、オペラの主催者などが有料コンテンツを動画配信しているように、無形製品やサービスも今後ファンとのつながりが一層必要になる時代へと突入している。有名選手の獲得や親会社からの多額の広告収入も重要だが、クラブチームが健全な経営を目指すには、地域社会はもちろん、ファンの愛着を増大させて本来の入場料、物販、広告料の収入を上げていくことが良い循環を生み出す。

　新型コロナの状況によっては、今後しばらくＪリーグは無観客試合を行い、サポーターたちは家でコンサドーレの試合を応援することになるかもしれない。そのときコンサドーレのオフィシャルグッズを身につけたり、手に持ったりしながら家族とともに応援できれば、クラブチームのブランド戦略は一歩、成功に近づくだろう。そうした動きを各チームが積み重ねていくことで、Ｊリーグ全体の事業規模が拡大していく。情緒的記憶による感性価値の向上は、少年たちにとっての自伝的記憶へとつながるのは言うまでもな

い。

　無類のサッカー愛好家である相澤さんは、欧州リーグに負けないような、Jリーグ全体のブランド強化も見据えている。クラブチームと地域社会の関係性はもちろん、ファン同士のつながりまで、これまで以上に高度なブランド戦略を練り始めている。相澤さんやコンサドーレの挑戦は日本のクラブチームを大きく変化させるかもしれない。

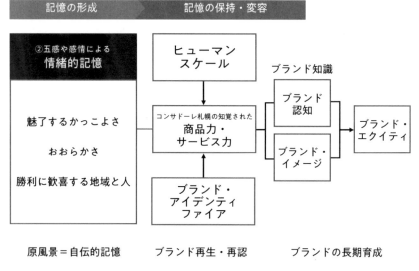

（出所）筆者作成

ジンズ「JINS Design Project」 インタビュー

# 広がりのある人生をつくる「Magnify Life」

（写真／丸毛 透）

## 田中 仁（たなか ひとし）氏

ジンズ代表取締役 CEO

1988年7月に有限会社ジェイアイエヌを設立。2001年アイウエア事業「JINS」（ジンズ）を開始。19年7月ジンズホールディングスへ社名変更

**細谷** ジンズは、眼鏡を低価格にすることで、気分やファッションに合わせて替えることや、ブルーライトから目を守る「JINS SCREEN」（ジンズ・スクリーン）をはじめとする機能性アイウエアなど、眼鏡の新しい在り方を提案してきました。さらに「JINS Design Project」として著名なデザイナーと協業した商品を開発する他、センサーを組み込みアプリと連動させることで日々の活動を計測できるようにした「JINS MEME」（ジンズ・ミーム）

と呼ぶウエアラブルデバイスや、世界一集中できる場を目指した会員制ワークスペース「Think Lab」(シンク・ラボ)も手掛けています。今までにない試みを次々と打ち出す狙いはどこにあるのでしょうか。

**田中**　当社では「Magnify Life」(magnify は拡大するという意味)というビジョンを掲げています。商品を通じてすべての人がより豊かで、より広がりのある人生を送れるように、日々の企業活動に尽力しています。デザインに注力しているのも、そのためです。今までよりも良い世界をつくるにはどうすべきか、いかに当社のビジョンを具現化したらいいかを考えたとき、デザインの役割がすごく重要になると思うのです。デザインって単に商品の外観を良くするということ以上に、深くて大きい存在だと感じています。
　例えば眼鏡のフレームだけでも1ミリ単位でデザインが変わります。JINS Design Project で協業したジャスパー・モリソンさん、コンスタンティン・グルチッチさん、ミケーレ・デ・ルッキさんなど世界の一流デザイナーたちのデザインは本当にクオリティーが高い。なぜなら人間の本質をしっかり捉えているからなのでしょう。ただ「かっこいいデザイン」にするということではなく、眼鏡の成り立ちという源流まで遡り、そこに意味を見いだしています。単純にプロダクトの形ではなく、人間の暮らし方までもデザインすることにつながっているのでしょうね。

**細谷**　デザイナーたちが人間の本質を捉えて、眼鏡の意味性からミリ単位の製品細部まで、"見る"ことの価値を高めようとしています。まさに眼鏡を通じて、お客さまの"生活を拡大する"ということですね。

**田中**　当社は今、いろいろな方向に広がっています。まだ、ばらばらのように見えるかもしれませんが、それらを全部つなぎ合わせた世界をつくりたいと思っています。JINS MEME は先端テクノロジーの塊ですし、「バイオレット＋(プラス)」というバイオレットライトを選択透過するレンズも提供しています。医療機関との協業、さらには次世代店舗の在り方など、いろい

「JINS Design Project」では、ジャスパー・モリソンやコンスタンティン・グルチッチの他、2018年11月には建築家のミケーレ・デ・ルッキと協業した眼鏡を発売した（写真提供／ジンズ）

ろなことを考えています。

　皆さんからは、一見つながりがないように思えるかもしれませんが、すべてが Magnify Life につながっているのです。最終的にはジンズのサービスとしてつながり、お客さまにより良い体験をもたらすことになる。そうなったときにジンズは初めて、今までのような単なる眼鏡チェーンではなく、オリジナリティーのある唯一無二のブランドになるのではと思っています。商品の開発だけではなく、サービスや体験の提供もありますし、ビッグデータの活用にも注力しています。それらを次第に一体化することで新しい事業展開ができると考えています。

## 100年後を見据えれば焦る必要はない

**細谷**　例えばどんな事業ですか。

**田中**　これは、あくまで一例ですが、私が面白いと思った企業が海外にありました。保険会社ですが、そこはオンラインによる顧客サービスと、多くの外交員による、いわばオフラインによる顧客サービスを連動させることで、業績を上げているそうです。お客さま一人ひとりのニーズをうまく捉えてい

る。カスタマー・ロイヤルティーがどんどん高まっているので、マスメディア広告は必要ないとか。多くの日本企業は効率化を狙って社員を削減する方向に動いていると思いますが、その保険関連の会社は新しいサービスをつくりつつ、人も増やしているらしい。これなどは、一つの参考になる事例ではないでしょうか。

**細谷**　やはり人が軸になるのでしょうね。アイウエアによって"見る"ことはもちろん、"見る"ことに伴う"ヒト"の感情変容、行動変容など無形なことも含めて、全部がブランディングとしてつながっていくということなのですね。

**田中**　だからこそ、我々はあらゆるお客さまの情報をキャッチして、新しいサービスも生み出していきたいと考えています。将来的には、お医者さんとの連携があるかもしれません。そういったことを常に想像しています（笑）。
　例えばJINS MEMEは、集中度合いの計測はもちろん、お客さまの感情や興味まで計測できる可能性が見えてきています。今後はお客さまに最適な音楽をリコメンドするセンサーになるかもしれません。首を振ったり視線を動かしたりすることでパソコンのマウスのような役割にも使えるので、障害のある方にも役立つでしょう。まばたきそのものがクリックになるのです。これは、ものすごいことではないでしょうか。もちろんJINS MEMEだけでサービスが完結するのではなく、店舗やスタッフとどうシナジーを出すかが大事です。先に話した海外の保険会社のように、これからは店舗やスタッフの役割が変わるかもしれません。

**細谷**　これからお客さま同士がさらにつながり、社会におけるコミュニティーによってブランドが確立していく時代です。これからの御社のブランディングについて、どうお考えですか。

**田中**　企業の本当の思いを真摯に伝えることしかないと思うのです。単にテ

ウエアラブルデバイス「JINS MEME」は、3点式眼電位センサーや6軸（加速度／ジャイロ）センサーで、利用者の心と身体の変化を捉える

レビなどで広告を打ったからといって、そのままブランディングにつながる時代ではありません。お客さまは、本質を見抜く力を持っている。だから、ビジョンをきちんと持っている企業と、そうではない企業の差がはっきりする時代じゃないかなと思います。ビジョンをお客さまにお伝えするとき、何を通じてお伝えするかとなると、やはり店舗のスタッフや商品しかありません。そこが当社とお客さまとの大事な接点になるからです。

**細谷**　例えば、スタッフの行動というのはなかなかデザインしにくいと思いますが、どういうことを重視されていますか。

**田中**　スタッフが自分たちの働く企業を好きにならなければ、お客さまだって好きになるはずがありません。お客さまに「我々は誠実です」と言うだけでは、駄目だと思っています。接客から商品まで、一つひとつの積み重ねしかないのです。直接、目に見えなくても、誠実さや正直さの積み重ねが、結果として長い時間をかけて差となって表れてくる。即効性を狙ってCMをどんどん打つだけでは意味がありません。ブランドは歴史に裏打ちされていますから。例えばフランスのエルメスだってスイスのロレックスだって、今までの歴史があるからこそ強いブランドになったのです。
　私は創業者ですが、自分の時代だけで進めようとするから、焦ってしま

集中を科学した会員制ワークスペースとして本社オフィスのある東京・飯田橋に設立した「Think Lab」

う。しかし100年後を見据えるとなると、焦る必要はないのです。だからこそ、余計にビジョンが重要になると感じています。ビジョンがないと、人も動けないし、商品の方向性も分からない。良いデザインはたくさんあると思いますが、当社のビジョンと一致しているかどうかが重要です。ビジョンと方向性が異なれば、当社にとっては悪いデザインになります。他社のことは分かりませんが、ビジョンそのものがある企業が、日本には少ないという気がします。価格が安いとか早くお渡しするとか、そうしたことも含めて全部に、我々の思いが詰まっています。その思いをどう伝えていくかが重要になるのです。

**細谷**　現状の企業努力がすべてお客さまに伝わっていないことも課題ですね。ビジョンを可視化して、お客さまの実感として伝えていくには、時間がかかるのでしょうね。

田中　かかると思います。当社のオフィスは「第28回 日経ニューオフィス賞」で最高峰の「経済産業大臣賞」を受賞しました。フリーアドレスなどクリエイティブな環境づくりといったオフィス単体での設計ではなく、ビジョンを体現することを目的としてデザインしたからです。空間デザインというより、「ビジョンとの整合性」がポイントだったのでしょう。ビジョンを支える姿勢として、当社が求める人物像と資質を「Progressive」（革新的な）、「Inspiring」（インスパイアする）、「Honest」（誠実な）としていますが、私は企業活動すべてに、これらのビジョンや姿勢を反映させたいと考えています。

細谷　なるほど。ビジョンが社内のあらゆるところに浸透しているようですね。今日はありがとうございました。

（写真／丸毛 透）

# 100年後を見据えたビジョンで、五感をデザインする

建築家ミケーレ・デ・ルッキとの共同開発の様子。建築家の視点が眼鏡のデザインにも生かされる。試行錯誤を重ねた結果、「人と眼鏡の関係性」を明らかにした上で、アイウエアに新たな意味を見いだした（写真提供／ジンズ）

　ジンズは2014年から「Magnify Life」というビジョンを掲げている。「商品を通じてすべての人がより豊かで、より広がりのある人生を送れるように」という視点に立って企業活動を行っている。

　かつてジンズが設定していたビジョンは「メガネをかけるすべての人に、よく見える×よく魅せるメガネを、史上最低・最適価格で新機能・新デザインを継続的に提供する」だった。ビジョンというよりも事業戦略に近いものであったと言える。しかしジンズは新しいビジョンを設定後、「広がりのある人生」に向けてユニークな施策を次々と打ち出している。

例えば、眼鏡を低価格にすることで、気分やファッションに合わせて換えることや、ブルーライトから目を守る「JINS SCREEN」をはじめとする機能性アイウエアなど、眼鏡の新しい在り方を提案している。さらに「JINS Design Project」として著名なデザイナーと協業した商品を開発。センサーを組み込み、アプリと連動させることで日々の活動を計測できる「JINS MEME」はウエアラブルデバイスとして、"見る"こと以外にも価値を拡大している。さらに、世界一集中できる場を目指した会員制ワークスペース「Think Lab」も手掛けており、Magnify Life というブランドビジョンをコアに、事業を飛躍的に拡大させている。

## ビジョンはデザインしないと伝わらない

　具体的に Magnify Life は、3つの行動規範としてキーワードを設定している。(1) 革新的な思考を持って変化を恐れずに挑戦する「Progressive」、(2) 製品やサービスが良い刺激と高揚感を与えられるような活動をする「Inspiring」、(3) 信頼を醸成し、誠実な思いを持つ「Honest」だ。これらは事業活動を促すものだけでなく、ジンズのブランド・パーソナリティーにも、ひも付いていると田中さんは言う。ジンズはビジョンと行動規範からなるブランド価値定義を設定した上で、JINS Design Project や JINS MEME、Think Lab や新規の店舗開発などを行っているのだ。

　田中さんはブランドにおけるデザインの定義について、より良い社会をつくる手段や自分たちのビジョンをかなえることだと明言する。経営とデザインの関係性は常に一体化されているものでなければならないという認識だ。どんなに良いビジョンでも、人に伝わらなければ何も意味をなさない。日本企業の場合、不変的な理念を持っていても、必ずしもそれを分かりやすくデザインしているわけではない。結果、その理念は伝わらずに、実業の中では放置されてしまっていることが少なくない。

私が注目したのは、デザイン界の第一線で独自のアプローチによって提案をし続けているクリエイターたちを招いたデザインプロジェクトのJINS Design Projectだ。第1弾では工業デザイナーのジャスパー・モリソンと、さらに第2弾ではドイツを拠点とする工業デザイナーのコンスタンティン・グルチッチ、第3弾ではイタリアを拠点とする建築家ミケーレ・デ・ルッキと、矢継ぎ早にアイウエアの本質と意味性を掘り下げたプロジェクトを行っている。

　世界的に評価されているデザイナーと協業したことで、「デザイナーは人に焦点を当てながらも眼鏡の源流にまで遡り、人と眼鏡の関係性を明らかにした上で、アイウエアそのものに新たな意味を見いだすことを目指していて、とても感動した」と田中さんはインタビューでも述べている。0.1ミリメートルの違いで印象が大きく変わってしまうのが眼鏡のデザイン。デザイナーたちは、単なる工業製品をデザインするのではなく、人の表情を形作る眼鏡を人類学的な角度から考えている。眼鏡は、相手にこう見られたいと思う自分を実現する道具であるという意味の深掘りを行っている。自分自身を拡大する、つまりMagnify Lifeを情緒的な意味性の観点から実現しようとしている。それはMagnify Lifeを消費者に実感してもらえる情緒的な自伝的記憶を生み出すデザインだ。

　一方で、美しいディテールにこだわる必要があるのもアイウエアの特徴だ。人の顔がそれぞれ異なる上、技術的な課題も追い求めなくてはいけない。ヒンジ、鼻盛りやノーズパッドの触感という人間工学的な問題も解決しながら、アイウエアに新しい意味を与えることは、狭義のブランディングと広義のブランディングがMagnify Lifeというビジョンで混ざり合っていることを意味する。これこそが経営と"ブランドにおけるデザイン"が同質のものであるということを表している。

## 視覚を起点に、五感もデザインする

　ジンズの製品の中でも、視覚を起点にそれ以外の五感や人の行動変容へとつなげていくことを提供価値としているのがJINS MEMEだ。これは、フレームに搭載された独自開発の3点式眼電位センサーと6軸（加速度／ジャイロ）センサーによって、集中度や眠気、歩行バランスといった、心と体の状態を可視化するセンシング用のアイウエアである。現在、スポーツクラブでのヘルスケアソリューションや運転者の疲労状況を測定する機能に加え、医療分野への展開も期待されている。

　「例えばJINS MEMEは、集中度合いの計測はもちろん、お客さまの感情や興味まで計測できる可能性が見えてきています。今後はお客さまに最適な音楽をリコメンドするセンサーになるかもしれません。首を振ったり視線を動かしたりすることでパソコンのマウスのような役割にも使えるので、障害のある方にも役立つでしょう。まばたきがクリックになるのです」と田中さんは言う。JINS MEMEは、視覚をセンサーの起点として他の感覚にも伝達させ、人の行動そのものを促す機能を生み出そうとしている。最近では、Vチューバー（バーチャルユーチューバー）がJINS MEMEの機能を活用しているなど、ジンズが提供するセンシング技術の新たな活用方法を発見しようとする生活者の例もある。

　ジンズが提供するセンシング技術が生活者の行動そのものを促す機能となれば、現在の店舗は眼鏡を販売する店舗ではなく、生活者の行動をサポートするための空間へと存在価値が変化していくことになる。眼球の動きやまばたきなどの視覚を起点に、味覚、聴覚、触覚、嗅覚へとつながれば、人間が持つポテンシャルをMagnify（拡大）させることができるからだ。

集中状態を常に記録する「脳の万歩計」
毎日・毎週の集中パターンを把握しよう

 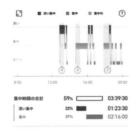 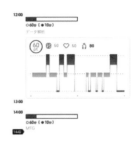

今日1日の集中時間を可視化。　　　毎日の集中パターンを時間で確認。　　いつ、何をしている時に集中できていたか。
総時間や割合で毎日を比較しよう。　自分の勝ちパターンを見つけよう。　　カレンダーと連携して詳細に確認しよう。

センシング技術を活用した JINS MEME によって、行動までも測定できる時代になった。眼鏡の役割が大きく変わりつつあるが、ジンズの基本的な姿勢はぶれていない（ジンズのサイトより）

　このようにジンズでは、ブランドビジョンの Magnify Life を土台に、横軸では「製品」「サービス」「店舗」「EC」の4つの要素が常に連携し合う。縦軸では視覚を起点に他の味覚、聴覚、触覚、嗅覚、第六感までを刺激し、感情から行動変容まで促そうとしている。続々と新しい試みを加速させているジンズだが、常に一貫しているのは、それらの基盤となるブランドビジョンであると言える。その基盤の上に、それぞれ生活者が求める提供価値を定め、どのように可視化させるのかが求められる。

## ブランドづくりは時間を費やす必要がある

　インタビューでは、デジタル時代においてどのようなブランドを目指すべきなのかについて直接、田中さんに質問した。その答えは非常に明確だった。「どんなに時代が変化しても、お客さまは、本質を見抜く力を持っている。だからこそ、企業の思いを真摯に的確に伝えることしかない」と言う。

田中さんは「ブランドをつくるために、時間はどうしても費やす必要があるものだ」と明言している。創業者として、自分の時代だけで確固たるブランドを確立しようとすると焦りが出てしまう。だからこそ、企業体として強いブランドを実現するためには、ジンズブランドを継承し続けるためのビジョンが極めて重要になると考えている。

　ここで改めて、ブランドの遅効性について注目すべきである。決してブランド改革によって即効、直接的に利益を生み出すと考えてはいけない。即効性を狙ったブランディングは消費者に多くの情報を与えることができるが、そのブランドは猛スピードで消費され、愛着まで行き届かない可能性がある。ブランドをつくるためには遅効的な視点で、生活者の記憶や体験と真摯に向き合い、社内外に浸透していく奥深いビジョンづくりが必要である。そのビジョンを着実に体現した製品・サービスによって消費者の情緒的記憶を生み出すことができる。

　ジンズの事例から分かるのは、たとえデジタル時代でも、伝えるべきビジョンを一度立ち止まって熟考することが必要だということだ。情緒的記憶を生み出すためには、小手先のデザインではなく、その根底となるビジョンこそが不可欠であるということがよく理解できる。

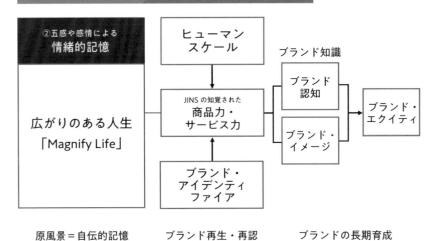

| 記憶の形成 | 記憶の保持・変容 |
|---|---|

②五感や感情による
**情緒的記憶**

広がりのある人生
「Magnify Life」

ヒューマン
スケール

JINS の知覚された
**商品力・
サービス力**

ブランド・
アイデンティ
ファイア

ブランド知識

ブランド
認知

ブランド・
イメージ

ブランド・
エクイティ

原風景＝自伝的記憶　　　ブランド再生・再認　　　ブランドの長期育成

（出所）筆者作成

## 6-3 複数回繰り返される概括的記憶

　最後に、新しい記憶の形成に向けて主に、①空間的記憶や②情緒的記憶だけでなく③複数回繰り返される概括的記憶の創造に挑んでいる3事例を取り上げる。花王「MyKirei by KAO」（マイキレイ バイ カオウ）、Azit（アジット）「CREW（クルー）」、ナインアワーズ「9h nine hours」についてご紹介する。現在、CREWのサービスは休止しているが、新規事業に向けてさらなる挑戦を続けている。

**図表23　複数回繰り返される概括的記憶**

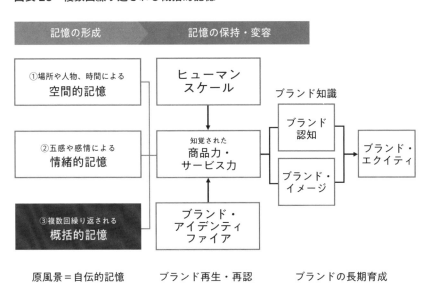

（出所）筆者作成

# 花王「MyKirei by KAO」

インタビュー

## ESG で良いことをしているだけでは、愛着は生まれない

（写真／名児耶 洋）

## 大谷 純子（おおたに じゅんこ）氏

花王 ESG 部門 部門推進・ESG 広報担当部長

大手マスコミにて 9 年間、番組制作現場を経験。主に海外ドキュメンタリーや国際
共同制作に携わる。2006 年 花王に入社。企業理念「花王ウェイ」の花王グループ
啓発活動、社内広報を経て、13 年グローバルコーポレートコミュニケーション推
進を担当し、中期経営戦略に基づくプロジェクトを推進。17 年より経営サポート
部門を兼務し、トップコミュニケーションのサポートも担当。18 年より現職

細谷　サステナビリティー（持続可能性）社会を推進するため、花王は
2019 年 4 月に ESG 戦略として「Kirei Lifestyle Plan」（キレイ ライフスタイ
ル プラン）を打ち出し、20 年 4 月には Kirei Lifestyle を具現化する新ライフ
スタイルブランド「MyKirei by KAO」（マイキレイ バイ カオウ）を立ち上

（写真／名児耶 洋）

## 畑瀬 孝利（はたせ たかとし）氏

花王 欧米事業統括部門 欧米事業部 新規ビジネス開発担当部長
1991年花王入社。家庭品販売部門において、国内営業、アジア販売支援業務を経
験。その後、2001年より事業部でのマーケティング担当を経て、06年Kao
Consumer Products（Thailand）に駐在、東南アジアのスキンケアブランドマネジ
メントを担当。13年よりKao USAに駐在し、Vice President、Liaisonとして経
営全般にわたってトップサポートの役割を担った。19年に帰国し現職

げて、シャンプーやコンディショナー、ハンドウォッシュの各商品を米国で
発売しました。こうした動きの狙いを、お聞かせください。

大谷　私が所属する「ESG」と付いた部門は、あまり聞き慣れない名称だと

2020年4月に「Kirei Lifestyle」を具現化する新ライフスタイルブランド「MyKirei by KAO」を立ち上げ、シャンプーやコンディショナー、ハンドウォッシュの各商品を米国で発売した。パッケージはプラスチックのボトルではなく、フィルム容器「Air in Film Bottle（エア イン フィルム ボトル）」を初めて採用。3枚のフィルムを張り合わせ、フィルムの間に空気を入れて膨らませる。中身が少なくなっても、ボトルの形状を維持しながら自立する（写真提供／花王）

思います。ESG とは、環境（Environmental）、社会（Social）、ガバナンス（Governance）の頭文字を取ったもので、前身は「サステナビリティ推進部」でした。プラスチック包装容器を削減する取り組みなど、当社はメーカーとして以前から環境に配慮してきましたが、次の段階として「S」の社会、「G」のガバナンスも強化して一体化することで、ESG を企業経営にしっかりと組み込もうと考えました。最近は他社からも ESG という言葉が出てきていますが、当社は2018年から ESG 部門を設けています。

　花王は1887年に誕生し、90年に「花王石鹸」を発売。2020年で創業133年になります。近代化を急ぐ激動の明治時代の日本で質の高いせっけんを社会に送り出し、清潔で安心できる人々の暮らしを実現しようとしました。個々人そして家族の心が満たされれば、地域のコミュニティーや社会が繁栄し、国家の繁栄にもつながる。そこに貢献することが自分たちの事業の使命

であり、今で言うサステナビリティーにつながっていると思います。

　それから商品や時代は変わりましたが、創業当時のスピリットを生かし、「豊かな生活文化の実現と社会のサステナビリティへの貢献」を使命として、133年間ずっとやってきています。花王の企業理念である「花王ウェイ」には、「私たちは、消費者・顧客の立場にたって、心をこめた"よきモノづくり"を行ない、世界の人々の喜びと満足のある豊かな生活文化を実現するとともに、社会のサステナビリティ（持続可能性）に貢献することを使命とします」とあります。「心をこめた」という言葉を企業理念に入れる企業はあまりないと思いますし、私は個人的に気に入っています。

　2017年には「自ら変わり、そして変化を先導する企業へ」をスローガンに掲げ、4カ年の中期経営計画「K20」をスタートさせました。30年までに達成したい姿を「グローバルで存在感のある会社『Kao』」とし、事業の持続的成長と持続的な社会の実現のために、ESG を重視しながら、利益ある成長の実現に取り組んでいます。商品の開発に設計の段階から ESG の視点

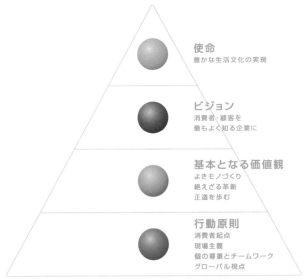

花王の企業理念「花王ウェイ」では、「豊かな生活文化の実現」に向けて
ビジョンや価値観、行動原則を定めている（花王の資料より）

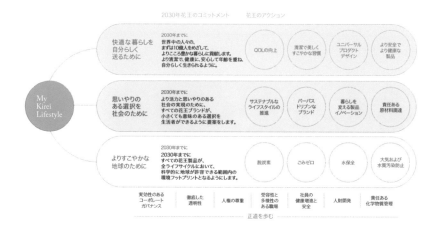

Kirei Lifestyle Plan として2030年までにどうあるべきかを掲げ、花王の目標を明確にした（花王の資料より）

を盛り込み、環境や社会に貢献しつつ、利益を上げて事業も伸ばすという攻めのESGを狙っています。

　そこで推進している戦略が、Kirei Lifestyle Plan です。Kirei Lifestyle とは「こころ豊かに暮らすこと、すべてにおもいやりが満ちていること」を意味しています。自分自身の暮らしが清潔で満ち足りているだけではなく、周りの世界もそうであることを大切にする。自分だけじゃなく、社会、さらには地球もということです。日本語の「きれい」という言葉は「美しさ」や「清潔」という意味だけでなく、心の状態や生きる姿勢も表現しており、それは自分自身に加えて社会そして地球の「きれい」にもつながっていくと考えています。Kirei として英語表記にした理由は、きれいをグローバルに実現したいからです。当社の考え方を、どう表現していくか。そこで何か象徴的なブランドを立ち上げようということになったのです。

## フィルムで構成する新発想のパッケージ

**細谷**　ESG 戦略である Kirei Lifestyle Plan に直結した考え方を反映させた

MyKirei by KAO の商品を、なぜ日本ではなく米国で発売したのですか。

**畑瀬**　今回のブランドづくりは従来とは違う形で始まっています。例えば、衣類が真っ白になる洗剤、ふけやかゆみを防ぐシャンプーといった機能を中心に据えたブランドではなく、Kirei Lifestyle という考え方を軸にブランド設計を行いました。こころ豊かに暮らすこと、すべてにおもいやりが満ちていること、を商品コンセプトとして表現する必要があります。こうした我々の考え方を受け入れてくれる生活者の意識は、日本よりも米国のほうが高いのではないかと思いました。さらに、花王の知名度が米国市場ではあまり高くない、という実情もありました。花王は米国で、ヘアケアとスキンケアの事業を展開していますが、これまで花王という名前は、積極的には出していませんでした。そこで今回の取り組みが、花王という会社を知っていただくよい機会になると考えたのです。

　環境負荷の低減を狙い、MyKirei by KAO のシャンプーやコンディショナー、ハンドウォッシュは、花王が新たに開発した容器「Air in Film Bottle」（エア イン フィルム ボトル）を初めて採用しています。今までのようなプラスチックのボトルとは全く異なり、プラスチックのフィルムで構成しています。詰め替え用容器と同じような材質で、3枚のフィルムを張り合わせて、フィルムの間に空気を入れて膨らませることで自立するようにしています。中身が少なくなっても、ボトルの形状を維持しながら自立します。

　こうした技術により、プラスチックの使用量を今までのボトルに比べて約50％削減できました。使用するに従い、中が真空になっていく構造なのでシャンプーなどを最後まで絞り出すことができ、中身を無駄にせずに使える。付け替え用のフィルム容器も開発し、ポンプ部分を繰り返し利用できるようにしました。海外は日本の生活者のように、詰め替えるという習慣が少ないので、付け替え用にしたのです。捨ててもプラスチック減になっていますから、環境負荷も少なくできる。

　中身にもこだわっており、シャンプー、コンディショナー、ハンドウォッシュすべてにおいて、花王の最新技術を採用しております。さらに成分とし

てツバキ成分とライスウオーター成分をシャンプーとコンディショナーに、ハンドウォッシュにはユズ成分とライスウオーター成分を入れて、日本のイメージを出しています。ネーミングでは、きれいという言葉をそのまま使いました。「私なりのきれいライフ」ということで「My」を付けて「MyKirei」とし、花王を知っていただくために「by KAO」としたのです。

ロゴはニューヨークのデザイナーがつくりました。非常にいいロゴで、漢字の「人」をイメージして人と人が手をつないでいるという意味を込めています。自然環境を意識して、山とか波のようにも見えます。単にエコを目指したブランドではなく、家族の絆とか思いやりというコンセプトで、他社とは違う世界観でつくっています。「三日月」は花王のシンボルですが、外側の円はちょっと不完全な丸にしており、ブランドとして完成したものではなく、これからもどんどん進化していくものという思いを込めています。

## 日本のライフスタイルイメージをブランドの世界観に

**細谷** 最近は国内外で多くの企業が ESG を宣言していますが、企業ブランドや事業・製品ブランドとひも付いていないように感じます。ビジョンと現場がつながらないケースが多く見受けられます。花王の場合、企業ビジョンを事業・製品ブランドへと、スマートに連携させていますね。

**畑瀬** 確かにそこは非常に難しく、ESG の考え方には共感していただけたとしても、実際に商品として購買行動につながるかどうかは別の話です。生活者が選ぶシャンプーは、多くの選択肢の中で一つだけですから、個人の生活価値に寄り添った商品でなければ、買っていただけません。企業としてのESG のビジョンと、製品ブランドとしての「MyKirei by KAO」をどう重ね合わせ、ブランドとしての魅力を最大限高めるかに知恵を絞りました。そこで我々がトリガーとして活用したのが「日本」という要素、つまり海外から見た「ジャパン」でした。日本のミニマルな暮らしやシンプルなライフスタイルのイメージを、ブランドの世界観として表現しようと考えたのです。

花王はせっけんから始まり、ずっと日本人の清潔で美しく健康な暮らしに貢献してきました。そのため、花王なりの日本文化の翻訳の仕方とか、ビジュアルの見せ方といったノウハウはあると自負しています。

　今回も日本の伝統の重みや雰囲気、世界観をふんだんに取り込み、ブランドに深みを与えるようにしました。生活者にとって「ESG で世の中にいいことをしている」だけではなく、花王という日本企業のブランドに愛着を感じてもらえるようにプロダクト設計にも、さまざまな工夫を凝らしました。

　花王が持っている最新の技術により、髪が柔らかくなるとか泡切れが早いとか、手が荒れないなどの機能はありますが、加えて日本的なイメージのフィルターを通したことで、日本企業である花王のブランド力を強く発信できるようにしたのです。企業のビジョンと商品ブランドがうまく結びついたのではないでしょうか。具体的な数字は言えませんが、発売後は Amazon 上で良い評価やコメントが多数、寄せられています。

**細谷**　MyKirei by KAO ブランドは今後、米国以外でも発売するのですか。

**畑瀬**　はい。将来的には米国だけではなく、グローバルに広げていきたいと思っています。まず米国で成功モデルをつくり、欧州やアジアにも展開を検討できればと思います。

**細谷**　ESG 戦略を製品ブランドで実現していく場合、最も難しい点は何でしょうか。

**大谷**　企業で言えば、社員のマインドですね。企業のビジョンに誇りを持って携わろうとしなければ、ESG は進まないでしょう。自分たちが今までやってきたことの上に、新たな考え方を植え付けるのは簡単ではありませんが、それも MyKirei by KAO ブランドの成功によって変わってきました。そういう意味でもすごく大事に育てていきたいブランドです。

**畑瀬**　日本や米国でも生活者のサステナビリティーに対する意識がどんどん

変わってきていると思います。特に新型コロナウイルス感染症の拡大によって、社会への貢献などソーシャルに対する意識はものすごいスピードで変わるでしょう。そうした生活者の半歩先を常に読んでいかないと、すぐに陳腐化してしまう。進化し続けるスピード感と大胆なチャレンジが重要だと思います。

**細谷**　本日は貴重なお話をありがとうございました。

# 暮らしの中にある小さな活動から、人の行動や意識を変える

「MyKirei by KAO 」の「FOAM HAND WASH」。花のかたちの泡が毎日の手洗いを楽しいものにしてくれる。My Kirei by KAO のサイトより（写真提供／花王）

　2019年3月15日に125カ国で100万人以上の若者たちが参加した「未来のための世界気候ストライキ」をご存じだろうか。ストックホルムに住む16歳のグレタ・トゥーンベリさんが気候変動に対する政府の対応に抗議するために始めた学校ストライキである。

　「大人は、子供の未来を全然配慮していない。だったら私も遠慮なんてしない」という彼女の思いは、SNS で「#Fridays For Future（未来のための金曜日）」というムーブメントになり、トゥーンベリさんの Instagram のフォロワーは約1057万人（20年10月時点）。彼女の素晴らしいアクションや発言は、世界中に影響を与え続けている。

　彼女が叫ぶ、「私たち子供がこの問題を解決するのは不可能なんだ」とい

うメッセージは、とてもインパクトがある。SDGs（持続可能な開発目標）は、単純に効率性を追求していく従来のビジネス視点とは異なり、一人の人間として利他的な視点、未来を見据えた長期的な視点を持てるかどうかが、私たち大人に試されているのだと思う。

そうした生活者の意識が変わっている潮流の中で、日本を代表する企業である花王がESG（環境・社会・ガバナンス）ビジョンを策定した。さらにそのビジョンを具体的に遂行するための、新しいブランドを立ち上げたのである。地球環境に関する課題が山積みで待ったなしの社会状況にあって、世界に向けて日本企業は何をすべきか。未来を見据えた“生活”と、利益を追求する“産業”という相反する要素にどう立ち向かっていくべきなのか。そして、ブランド戦略はどうすべきなのか、ということをヒアリングするために花王の大谷さんと畑瀬さんにインタビューを行った。

## ESG戦略に基づく新ブランド「MyKirei by KAO」

花王はこのコロナ禍の中、20年4月に米国で、ESG戦略に基づいた「Kirei Lifestyle」を体現する新しいライフスタイルブランド「MyKirei by KAO」を立ち上げた。

同社は1887年に長瀬富郎氏が創業して2020年で133年を迎える、日本の暮らしに密着する長寿企業の一つ。その企業の成り立ちを聞くと、まさしくサステナビリティーを追求してきたことが分かる。激動の明治時代に近代化を急ぐ日本で、顔を洗っても大丈夫なくらいの質の高いせっけんを世の中に送り出し、一人ひとりを清潔にしていくことで、日本人の気持ちが安らぐようにしたい。そして地域コミュニティーや社会全体を安定させ、国の繁栄につなげていきたいという使命感が、花王のDNAとしてあったと言う。

花王の企業理念である「花王ウェイ」には、「私たちは、消費者・顧客の

立場にたって、心をこめた"よきモノづくり"を行ない、世界の人々の喜びと満足のある豊かな生活文化を実現するとともに、社会のサステナビリティに貢献することを使命とします」とある。その中でも、「"心をこめた"という言葉が企業理念の中にある企業って、あまりないと思います」と大谷さんは話す。

　実際、私も花王の製品を通して、生活者のニーズや使いやすさを追求していると感じている。「よきモノづくり」の精神を受け継ぎながら、世界の人々の喜びと豊かな生活、社会の持続可能性への貢献を今日まで行ってきたということを、生活者視点として納得できる。一方、環境や社会問題が重視される中で、生活者意識の変化は今までとは比較にならないほどのスピードと規模で進んでいる。世界が大きく変わる状況で、花王はどのような経営方針を打ち出すべきか。一つの回答が、ESGを経営の根幹に据えることだった。

　2016年に花王は、30年に向けた長期経営ビジョン「2030年までに達成したい姿」を策定している。それに必要な基盤構築がESGだった。最初の段階からESGという視点を盛り込み、投資していくことで、環境や社会に貢献しながら、花王の事業もしっかり成長させていくという、攻めのESGという考え方だ。「発足当時から花王だからやれることをやろうと言い続けています。やはりサイエンスを用いて、しっかりとお客さまに価値が伝わるようにしたい。そのブランドを使っていただくことで、地球や社会への思いやりにつながるようにすることがポイントです」（大谷さん）

　その後、ESG部門が2018年に発足し、戦略を立て「Kirei Lifestyle Plan」は完成。この中には、生活者を主役としたESGの具体的な活動の方向性と将来への意気込みが書かれている。Kirei Lifestyle Plan は「花王のESGビジョン」とそれを実現するための戦略「花王のESGコミットメントとアクション」で構成されている。「Kirei Lifestyle Plan では、単に"二酸化炭素の削減に注力しています"ではなく、社員やお客さま、流通事業者さまなどす

べてのステークホルダーの方々とどんな世界を一緒に築きたいかを考えています。その思いを共有するためにビジョンステートメントというものをつくっています」（大谷さん）と言う。

　「Kirei Lifestyle Plan」は3つの柱に分かれ、「快適な暮らしを自分らしく送るために」の「ME」、「思いやりのある選択を社会のために」の「WE」、「よりすこやかな地球のために」という「PLANET」の、「ME、WE、PLANET」という構成になっている。ビジョンステートメントには、「Kirei Lifestyleとは、こころ豊かに暮らすことであり、すべてにおもいやりが満ちていること、自分自身の暮らしが清潔であるだけでなくて、周りの世界も同じような暮らしであることを大切に願う」という想いを込めている。そして、その暮らしが今日だけでなくこれからも続いていき、どんな小さいことでも正しい選択をして、自分らしく生きるというメッセージになっている。

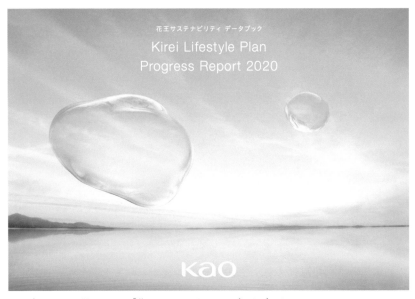

ウェブサイトで公開している「花王サステナビリティ データブック Kirei Lifestyle Plan Progress Report 2020」の表紙

Kirei Lifestyleとは、こころ豊かに暮らすこと。
Kirei Lifestyleとは、すべてにおもいやりが満ちていること。
自分自身の暮らしが清潔で満ち足りているだけでなく、
周りの世界もまたそうであることを大切にすること。

Kirei Lifestyleとは、こころ豊かな暮らしが、
今日だけではなく、これからも続くと安心できること。
日々の暮らしの中で、たとえ小さなことでも、
正しい選択をして、自分らしく生きるために。
花王はこうしたKirei Lifestyle が

何よりも大切だと考えています。
だからこそ、決して妥協をせず、
正しい道を歩んでいきます。
世界中の人々のこころ豊かな暮らしのために、
私たちは革新と創造に挑み続けます。

快適な暮らしを
自分らしく
送るために

思いやりの
ある選択を
社会のために

よりすこやかな
地球のために

2030年までに
世界中の人々の、まずは10億人をめざして、
よりこころ豊かな暮らしに貢献します。
より清潔で、健康に、安心して年齢を重ね、
自分らしく生きられるように。

2030年までに
より活力と思いやりのある社会の実現のために、
すべての花王ブランドが、
小さくても意味のある選択を
生活者ができるように提案をします。

2030年までに
すべての花王製品が、
全ライフサイクルにおいて、
科学的に地球が許容できる範囲内の
環境フットプリントとなるようにします。

花王が出した ESG ビジョンのステートメントと、2030年までに目指す内容。「快適な暮らしを自分らしく送るために」「思いやりのある選択を社会のために」「よりすこやかな地球のために」の3つの柱がある。「花王サステナビリティ データブック Kirei Lifestyle Plan Progress Report 2020」より

## 包装容器の詰め替え文化は、日本発の独自性

　環境や社会に配慮した製品やサービスを選んで消費する「エシカル消費」が拡大しつつある。今後、デジタル化された社会の中では情報を活用した新しい世代が、新しい価値観で製品ブランドを選択する傾向が高まっていくだろう。

　例えば環境配慮であれば、最近注目されている海洋ごみ問題への解決として、容器そのものの素材改良に加え、詰め替え（リデュース）や付け替え容器の普及などで貢献できる。歴史的に見ても花王はこのエシカル消費を考え、進化させてきたといってもいい。　「包装容器そのものでいうと、詰め

替えが定着している日本は、世界で見るとまれな市場です。こんなに詰め替え商品があるのは日本だけだと思います。当社はメーカーとして、それを粘り強く長い時間をかけてやってきたからこそ、市場が大きく変わってきたのだと思います」（大谷さん）

　花王では、商品の販売数は伸びているにもかかわらず、詰め替えや付け替えを促進してきたことで、何もしなかった場合と比べてプラスチックの使用量を大幅に削減している。世界から見ると、私たちにとっては当たり前な生活様式である詰め替え文化は、花王がけん引してきた日本のモノづくりにおける独自性である。

　「こうした当社の日本国内での努力や良い文化を、どうやって世界に広げていくか。一つは技術を世界に広げていくこと。もう一つが、MyKirei by KAO ブランドの米国展開にありました」（大谷さん）

　MyKirei by KAO は Kirei Lifestyle を体現するブランドとして、まず2020年4月に米国でビジネスをスタートさせ、販売チャネルには Amazon を活用している。今回発売した同ブランドのシャンプーやコンディショナー、ハンドウォッシュには、花王が開発したプラスチックフィルム容器「Air in Film Bottle」を初めて採用した。フィルムは詰め替え用容器に使われる軟らかい素材で、フィルムの間に空気を入れて膨らませることで、自立する容器として使用することができ、プラスチックの使用量をポンプ型ボトルに比べ約50％少なくすることができる。

　MyKirei by KAO のブランドコンセプトは、「Live Kirei Lifestyle "Every facet of daily life is filled with caring"」（隅々までおもいやりに満ちた毎日の"きれいな"暮らし）。ネーミングでもある日本語の「Kirei」という言葉は、「美しさ」や「清潔」という意味だけでなく、心の状態や生きる姿勢も表している。自分自身に加え、社会の「Kirei」にもつながっていく言葉とし

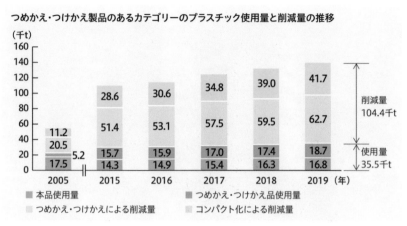

つめかえ・つけかえ製品のあるカテゴリーのプラスチック使用量と削減量の推移

(千t)

削減量
104.4千t

使用量
35.5千t

本品使用量　　　　　つめかえ・つけかえ品使用量
つめかえ・つけかえによる削減量　コンパクト化による削減量

花王は販売数を伸ばしながらもつめかえ・つけかえによってプラスチックを削減している。「花王サステナビリティ データブック Kirei Lifestyle Plan Progress Report 2020」より

て、日本語の響きのままで使用している。MyKirei by KAO は今後、日本や欧州、アジアなどで順次、展開する予定だが、まず米国で Amazon の販売チャネルを活用して発売した理由は3つある。

　1点目としては、米国で花王の認知を獲得するため。これまで同市場ではビューティーケアでもヘアケアとスキンケアのみ展開しており、生活者への花王ブランドの認知度の向上がさらに必要だった。2点目は、環境に対する意識の高い人たちが日本に比べて多いこと。定量調査の中でも男性比率も高く、米国全体で約8%がこうした志向性を持った生活者である。

　3点目は、米国では詰め替え文化が根付いていないということ。その習慣を定着させるよりも、プラスチック自体を削減した商品を展開するほうが良いという判断だ。「狙いたいのは、若い女性に多いエココンシャスな層。米国で片づけコンサルタントの近藤麻理恵さんの書籍がブームになったように、シンプル志向の若い女性が増えています」と畑瀬さんは言う。米国の生活者の使用習慣に対応しながら、環境負荷の低減にも大きく貢献できるだろ

「MyKirei by KAO」のコンセプト映像から。「Live Kirei Lifestyle "Every facet of daily life is filled with caring"」（隅々までおもいやりに満ちた毎日の"きれいな"暮らし）を表現している。「What "Kirei" Means to Me - MyKirei by KAO」動画より

うと考えた結果だった。

## 日々の小さな活動から Kirei Lifestyle を自ら実践

　今後、社内の意識改革もさらに推し進めていくため、各事業のブランド指示書のフォーマットを改訂していくという。機能的価値、情緒的価値だけでなく、ブランド指示書の中心にどのような社会的価値を提供するのかという項目を追加し、三十数年ぶりに刷新を検討している。

　商品陳列の際にセールスプロモーションのツールとして使用する"アイキャッチ"シールも取りやめていく方針を打ち出している。社内ではアイキャッチシールを廃止して売り上げが落ちたらどうするのかというネガティブな声もある。しかし今では製品担当者はシールがなくても、どうしたら店頭でメッセージを伝えられるのかと考え、日々工夫をしながらチャレンジしている。そうした小さな活動が全社的な動きとなって Kirei Lifestyle の考え方を

着実に実践している。

　「本当にまだ私たちも正解が見えないのです。なぜ花王がESG視点の良きモノづくりに舵（かじ）を切ったか、これを社員ではなく一人の人間として理解していくことも大切だと考えています。まずは3万3000人強の社員が本当に誇りを持って、ビジネスの前に私たち一人ひとりの暮らしを考え、その思いを子供や孫に伝えていく必要があります。時間はかかりますが、しっかりとやらなくてはなりません。そうした姿勢が製品を通して見えてくれば、お客さまが自然と商品を手に取ってくださるのではないかと思います」と大谷さん。

　畑瀬さんは「世界中で消費者のサステナビリティーに対する意識がどんどん変わってきていると思います。特に新型コロナウイルス感染症の流行によ

Air in Film Bottle のある暮らしの風景。フィルムの間に空気を入れて膨らませていることで自立する容器として使用できる。ポンプ型のボトルに比べプラスチックの使用量を約50％少なくできる。「MyKirei by KAO Instagram」から

って、また大きく変わっていくと思うんですよ。MyKirei by KAO は、一貫して ESG に立脚したブランドなので、継続的に守っていく思想というのは当然あります。しかし、立ち止まっていてはすぐ陳腐化してしまうと思います。ある意味ちょっと先読みして消費者の変化に合う形で、ブランドから提案をつくり出していけるかが重要です。常に半歩先でありたいです」と言う。

　このように ESG 経営においてもブランド戦略は、常に生活者のマインドを意識しながら攻め続けていく必要がある。ニーズではなくウォンツが大切。その上で、サステナブルな活動として、先手先手で進化し続けるスピードが求められるのだ。

## 人々の目を未来に向けさせるためのブランドへ

　製品ブランドのコンセプトを作成する際、花王の場合、今後、企業理念や中期経営計画とともに、ブランド基盤となるのが「花王のESGビジョン」だ。

　「ESG ビジョンによって付け加えるというよりは、膨らませていくというほうが正しいかなと思います。消費者の“きれい”に貢献してきた歴史を、少しエモーショナルに膨らませていくというイメージです」（畑瀬さん）

　新ブランドである MyKirei by KAO は、花王の ESG ビジョンによって膨らますことができる。一方で、花王が現在保有する「マジックリン」や「アタック」などの既存製品ブランドを、この花王の ESG ビジョンで再整理することは、また違う難しさがあるようだ。

　「既存のブランドの場合、長年受け継がれてきたブランドプロミス（顧客との約束）があります。一方で“花王の ESG ビジョン”は個々のブランドプロミスより大きい視点のものです。つまり、このブランドはどんな社会的

意義があるのか、何のために存在するのかを考えるなど、ESG ビジョンと
お客さまのニーズをどう融合していくかが課題です」（大谷さん）

　企業側ではなく、顧客そのものの意識やニーズを育成していくことも必要
である。つまり、分かりやすいもの、考えなくてよいものを志向している生
活者が主流の社会では、この ESG ビジョンと顧客のニーズは合致すること
はない。ESG 経営は、企業そのものが変わることよりも、製品やサービス
を通して顧客や社会の意識を変化させていくことのほうが重要だ。日本で
徐々に顧客に対して詰め替え文化を啓発してきた花王であれば、世界の人も
十分に啓発することができるだろう。

　近年、多くの企業は「より良い社会にするためのブランドをつくる」とい
う方針を打ち出しているが、むしろ、「より良い社会にするために人の行動
や意識を変えるためのブランドをつくる」というのが、より正確な表現では
ないだろうか。この事例のように暮らしの中にある小さなコトを小さな活動
に変えるような複数回繰り返される概括的記憶が必要である。ESG 経営で
求められるブランドの意義とは、生活者の行動変容を目指すことにあるのだ
と、今回のインタビューを通じて改めて理解することができた。

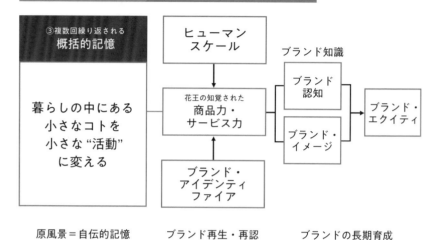

記憶の形成 → 記憶の保持・変容

③複数回繰り返される
概括的記憶

暮らしの中にある
小さなコトを
小さな"活動"
に変える

ヒューマン
スケール

↓

花王の知覚された
商品力・
サービス力

↑

ブランド・
アイデンティ
ファイア

ブランド知識

ブランド
認知

ブランド・
イメージ

→ ブランド・
エクイティ

原風景＝自伝的記憶    ブランド再生・再認    ブランドの長期育成

（出所）筆者作成

# 乗る人と乗せる人の感情をつなげるモビリティサービス

（写真／丸毛 透）

## 吉兼周優（よしかね ひろまさ）氏
Azit 代表取締役 CEO

慶應義塾大学理工学部管理工学科在学中に、Azit を設立。2015年3月に「CREW」を企画・構想し、プロダクトマネジャー兼 UI デザイナーとして開発を推進。「"Be natural anytime"——自然体でいられる日々を」というミッションの下、事業を推進

**細谷** Azit（アジット）が2015年10月にサービスを開始した「CREW（クルー）」は、「"乗りたい"と"乗せたい"を繋げるモビリティ・プラットフォーム」を掲げています。同じ分野では「Uber」が有名ですが、料金に対する考え方が Uber とは異なる点がユニークですね。

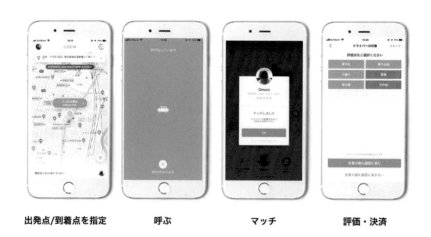

| 出発点/到着点を指定 | 呼ぶ | マッチ | 評価・決済 |

「CREW」のアプリ画面。シンプルな操作で、"乗りたい"と"乗せたい"をつなげることができる（画像提供／ Azit）

　乗った人はガソリン代と道路通行料、システム利用料の他、普通なら乗車料を支払います。しかし CREW では乗車料の代わりに"謝礼"を任意で支払うという考え方です。謝礼は義務ではなく、乗車料に相当しないため法律関係もクリアしており、タクシーのような許可や登録は必要ないとか。「C2C 時代のブランディングデザイン」という連載企画を考えたきっかけも、実は CREW の存在がありました。私自身も CREW の愛用者の一人で、今までにないモビリティー体験を得ました。

**吉兼**　ありがとうございます。

**細谷**　タクシーのような単なる車とお客のマッチングではなく、車内での会話が楽しかったり、ドライバーさんのホスピタリティーを感じたり、そこに人と人とのつながりを強く感じました。私の周囲で CREW を利用した人も、同じような体験をしたそうです。まずは、CREW を立ち上げた吉兼さんの思いからお聞かせください。

吉兼　運転する人と乗る人の関係は、「お客さまは神様」とかではなく、それこそ CtoC の関係で、互いにフラットな存在ではないかと私は思っています。運転する人も乗る人も、どちらが偉いということではなく、車という一つのコミュニティーに属しているにすぎないのではないでしょうか。

　だから、乗せてもらってありがとうと感じるとか、おもてなしをして喜んでもらうとか、それぞれがフェアな関係であることが、自分の感覚にしっくりきました。これをサービスとして打ち出せないかと。そこでサービスの名称を「CREW」として、「一つの船の仲間（クルー）」という意味を込めたのです。ユーザー同士が本当に対等になるコミュニティーにしていこうと、最初から強く意識していました。

細谷　なるほど。カスタマー同士の CtoC の関係を「一つの船の仲間」とたとえたのですね。吉兼さんは、CtoC という関係をどう位置付けていらっしゃいますか。

吉兼　CtoC は、ピュアなネットワークだと思っています。BtoC なら個人の考え方より、企業の合理性で判断するかもしれませんが、CtoC では好き嫌いなど個人の意思で行動しますよね。プライベートとビジネスで全然違う人のようになる人がたまにいますが、CtoC では人間のありのままの姿が映る。それが面白い。

細谷　CREW はまさに CtoC のプラットフォーム的な存在だと思いますが、個人同士だからこそ特別に心掛けている点はありますか。

吉兼　企業の姿勢や考え方が、そのまま外に出てしまうのが、CtoC のプラットフォームかもしれません。例えばユーザーと接しているコールセンターのスタッフ、社内のマネジャーや私もそうですが、社内に一貫した姿勢や考え方がないと、ユーザーに“伝染”してしまい、信頼性の低下につながりかねないと思っています。だからこそ、社員それぞれが同じものを追求してい

る、というスタンスはとても大切にしています。

**細谷**　CtoC なのに、一貫性が大切だとは面白いですね。それは吉兼さん自らが強いリーダーシップを発揮することで推進しているのでしょうか。それとも社員個人が自発的に、社内でも CtoC の関係、対等の関係をつくることで実行しているのですか。

**吉兼**　社員は普通、目標が与えられたり、インセンティブが設計されたりしていくことで、モチベーションを高めるのではないでしょうか。それ自体は企業を前進させるために必要だとは思いますが、それより大切なものを社内でつくらないと、外的要因によって一貫性が失われてしまいかねません。だから企業としてのビジョンやミッション、ブランドといったものを強く意識して、一貫性を保つようにしています。

　企業が掲げるミッションは、立派な言葉をつくることはできても、それをどう伝えるかがとても重要です。大切なのは、企業の歴史なども含めて一貫した姿勢になっていることだと考えています。最近、アプリをリブランディングしてロゴも変えましたが、同時に当社の企業姿勢を示すガイドラインも

「CREW」のロゴ画面も重要なブランディング

## 社員の姿勢でも「おもてなし」と「ありがとう」を体現

**細谷**　その一貫性を共有化するガイドラインはブックとして表現しているのですか。

**吉兼**　2018年の春に作り、オンラインで社内に公開しています。事業の目的や創業のヒストリー、ビジョン、ミッションなどを述べています。ガイドラインとは別に当社のカルチャーブックも制作していて、マーケティングや広告、ブランディングの指針にもしています。創業時から指針を打ち出してベクトルを決めておけば、これから企業規模が拡大しても、当社のDNAとしてぶれずに伝わっていくのではないか、という意図がありました。成長した後に決めると、ぶれてしまいますから。日本のベンチャー企業を見ていると、初期からブランディングをきちんと定めているケースはほとんどないかもしれません。私は無精者なので（笑）、これから何度も変えたり説明したりするより、最初にしっかり考えておけば手間が省けるだろうとも思いました（笑）。

　これはCREWの性質によると思いますが、初めて使うまでメリットがよく分からず、言葉で説明しようとしても難しい。単なるシェアサービスではないので、実際に使った人が紹介してくれることがサービスの成長ポイントです。体験こそが重要なので、かっこいいロゴを付ければいいわけではありません。まだまだ経営のプロとは言えない私ですが、素人ながら考えたのは、どうやったら端から端まで一貫性のあるものがつくれるだろうかという、その点だけでした。

**細谷**　良い体験が人へと連鎖していくのですね。私が実際に体験して感じたのは、ドライバーさんのおもてなし感や安心感でした。品質とか人となりが、すごく良かった。良い気持ちにさせてくれる人でした。知人にもCREWのサービスを宣伝しています（笑）。ドライバーの教育も遠隔で行っているとか。だからこそ、そこにはどんな基準や教育があるのかなと思いました。

聞き手の細谷正人氏（写真／丸毛 透）

**吉兼** 私たちはドライバーさんのことを、「CREW パートナー」と呼んでいて、CREW というサービスを共につくっていくパートナーだと思っています。ホスピタリティーが担保できているのは、そういった社員の姿勢を感じてくれているからではないでしょうか。また、私たちが社内でよく使うキーワードが、「おもてなし」と「ありがとう」という言葉なのですが、研修でも、日々の問い合わせに対する返答でも、私たちの言動の一つひとつから、CREW パートナーの方も当社が大切にしている点を感じ取っているのだと思います。まだまだ100点とは言えないので、もっともっとホスピタリティーを向上させていきたいですね。

## もともと"相乗り"文化が日本にはあった

**細谷** CtoC のプラットフォームを活用して、現在進めているプロジェクトや今後の方向性などを教えてください。

吉兼　今後の課題の一つは、地方への展開です。CREW のサービスの原点は、例えばちょっとした外出のときに、近所の方が連れていってくれて、親同士でお礼をしている姿でした。そうした場面を、もっと増やせればいいなと。都心部でサービスは進めていますが、地方への展開も考えており、2018年8月には鹿児島県の与論島で公共交通機関として実証実験をスタートさせました。

　地方のいわゆる過疎地区とか交通手段が乏しい地区、また観光地だったり高齢者の方がいる地域だったりに展開していきたいと思っています。こうした地区には以前から"相乗り"のような文化がありました。私たちは「互助モビリティ」という言葉で表現していますが、そのような取り組みをやっていきたい。ときどき手紙が届いたりするんですよ。「私たちの島には、タクシーが2台しかないので何とかしてほしい」といった。そういうことがあると、本当にやらなきゃいけないと思います。

　与論島の実証実験も、問い合わせが先方から来たことがきっかけです。与論島の観光協会や国土交通省の方にもご尽力いただき、プロジェクトを進めました。CREW は規制をクリアしているので、すぐに実現できる。与論島だけでなく、今後はさまざまな地域でサービスを提供していきたいです。

細谷　具体的な運営はどのように実施していくのですか。

吉兼　「共に創る」と書いて「共創」という言葉を私たちはすごく大事にしています。一つのコミュニティーという概念を大切にしていて、単純にCREW を提供するだけではなく、時には自治体と、時にはその地域のタクシー会社と、一緒につくっていくというスタンスです。私たちだけで課題を解決しようとするのではなく、関係者がみんなで同じ方向を向いて、一緒に進めていくということが重要だと考えています。私たちのスキームを使ってくださいというより、どうしたらいいかを一緒に考えるという感じですね。

　CREW を立ち上げたときも、私たちだけで考えるのではなく、官公庁と協議を重ね、一緒に考えました。保険の面だったり、仕組みの面だったり、

鹿児島県与論島の観光協会と協業し、公共交通機関として「CREW」のサービスを実証実験した。住民や観光客の新たな「足」として期待されている

安全な体制なども含めて一緒に仕組みを考えてレビューをしていただいてきた結果、ゴーサインが出たのです。初めての取り組みで、正解が分からない中、官公庁とともに模索しながら進めてきました。

## CtoC の時代には一貫したピュアでシンプルな思いが必要

**細谷**　CtoC のサービスの中で、ブランディングやデザインについては、どういったお考えがありますか。

**吉兼**　グラフィックや UI（ユーザーインターフェース）のデザインも重要ですが、何かの思想や考え方をどう伝わるようにするか、何に落とし込んでいくかといった点がデザインなら、企業の在り方をつくるのもデザインだなと思っています。自分たちの思いは、具体的なものに落とし込まないと何も伝わりません。やはり形にしていかないと。だからデザインとは、そうしたことを言うんじゃないかなと感じています。だから一貫性が重要なんです。創業から最新リリースまで含めて一貫性のあるものにしていかないと。その

あたりは、もともと僕がデザイナーだということも大きく影響していると思います。

**細谷**　社長自らが"デザイナー"なのですね（笑）。吉兼さんのモチベーションの源流は何でしょうか。

**吉兼**　学生時代に趣味で作ったアプリが口コミで広がりテレビ番組で紹介されたことがありました。そういうのってすごくうれしいじゃないですか。ピュアに何かを作り、届けて、誰かが喜んでくれるということがモチベーションの源流です。CREW もその延長にあると思いますし、これからも誰かが喜んでくれるサービスを開発していきたいですね。

**細谷**　なるほど。吉兼さんのお話はとてもシンプルですね。CtoC の時代にはピュアでシンプルな発想や思いが必要なのかもしれませんね。本日はどうもありがとうございました。

Azit の企業ロゴも含めて一貫した企業姿勢を示している（写真／丸毛 透）

## Azit「CREW」

# "ありがとう"と"どういたしまして"の循環が、コミュニティーの原風景をつくる

「"乗りたい"と"乗せたい"を繋げるモビリティ・プラットフォーム」を目指した"相乗り"サービス「CREW」は、「Uber」などのライドシェアサービスとは異なる（写真提供／ Azit）

　Azit が2015年10月にサービスを開始した「CREW」は、「"乗りたい"と"乗せたい"を繋げるモビリティ・プラットフォーム」を目指した"相乗り"サービスだ。自分の近くを走る誰かの車を、スマートフォンで呼べる送迎アプリを展開している。世界的に見れば、同様の分野では「Uber」や「Lyft」などの配車サービスが有名だが、CREW はブランド理念や料金設定に対する考え方がユニーク。料金の考え方が、単なる利便性の追求ではなく、乗りたい人と乗せたい人を自然につなげ、CREW という仕組みに愛着が生まれるようになっている。

CREW の場合、乗りたい人はガソリン代や道路通行料といった実費、プラットフォーム手数料として Azit に支払うシステム利用料を負担をする他、乗車料の代わりに "謝礼" を任意で支払うという考え方で運営している。"謝礼" は、感謝の気持ちを示すものなので決して義務ではない。乗車料に相当しないため法律関係もクリアしており、タクシーのような許可や登録は必要ない。「乗せてくれてどうもありがとう」という、人から人へ伝えるピュアな感謝の気持ちを料金ではなく、"謝礼" として支払う仕組みだ。

　実は 2018 年に日経クロストレンドで「C2C 時代のブランディングデザイン」という連載企画が生まれたきっかけは、CREW との出合いが影響している。C2C とは、コンシューマー（Consumer）である一般消費者と一般消費者の間の取引を意味する。代表例は「ヤフオク」や「メルカリ」などだ。インターネット外においてはフリーマーケットなどと同様の商取引のことを言う。昔から存在する市場や行商のような仕組みでは、すでに個人間で値段交渉がランダムに行われており、独自のコミュニケーション手法が存在していた。遡れば江戸時代の商取引も信用や信頼によって価格を左右していた。

　かつてのインターネットでの個人間の取引の場合、代金決済がネックとなることが多くあった。しかしサービスを運営する事業者などが代金決済の仲介を行うことによって、取引の円滑化が図られるようになっている。特に近年では「PayPal」「LINE Pay」「PayPay」などのオンライン決済システムの登場によって代金決済が容易になっている。だからこそ、本格的な C2C 時代の到来に向け、どのようなブランド戦略を考えていくべきかというのが連載の趣旨であった。

　CREW が考える "謝礼" や "ありがとう" という価値観の再提示はとてもユニークだ。私自身も CREW の愛用者で、今までにないモビリティー体験を得ている一人だ。私が実際に利用したときに CREW ドライバーとかわした話は、車種の話や車内で聴く音楽の話、CREW を選ぶ客の話、家族や奥

さんの話、仕事の話などとても広範囲。ドライバーも自分の趣味の塊である自家用車に乗せているわけで、その会話はドライバーの等身大の姿を感じることができる。まるで親友の快適なマイカーに乗せてもらい、とりとめもない話をしながら、目的地まで連れていってもらった感覚に近い。

実費 ＋ 手数料 ＋ 謝礼

移動の際に実際にかかった、**ガソリン代と高速料金**の費用です。

**プラットフォーム手数料**として運営会社に支払われます。

感謝の気持ちとして乗車後に任意で価格を設定でき、**ドライバーに届きます。**

お支払い金額

CREW の料金は、実費、手数料、任意の謝礼の 3 つから構成される（Azit のサイトより）

## "おもてなし" と "ありがとう" の循環という
## 日本人の道徳心に着目

　CREW はドライバーのことを「CREW パートナー」と呼んでいる。CREW というサービスを共につくっていくパートナーであると位置付け、ブランドの伝道師であると考えている。2015年の創業時から目指していたことは、今までにない新しい移動手段ではなく、昔ながらの日本人の知恵である「"おもてなし" と "ありがとう" の循環」をテクノロジーによって拡張させたプラットフォームだった。
　特にこれからの日本は、車離れがさらに進んでいくなど「移動」が社会問

題になることが考えられる。将来、自動運転などの技術革新が進んだとしても、この課題が完全に解消されるとは限らない。地方での交通インフラの弱体化、都市部への一極集中による渋滞や満員電車、東京オリンピック・パラリンピックや大阪・関西万博といった国際イベント向けの動線など「移動」に関する課題が急激に変化し、すでに「交通の格差」が生まれてしまっているのが現状だ。

CREW は「"おもてなし"と"ありがとう"の循環」という日本人独自の道徳心を軸に、この「交通の格差」を埋められないかという問題意識を持ってモビリティーの未来をつくろうとしている相乗りサービスである。すべての人がお互いを対等な仲間であるとし、信頼し、助け合い、人と人とが協力し合いつくり上げていくプラットフォームを目指しているのが特徴だ。

1.呼ぶ

アプリを開いて**出発地を指定**。近くにいるドライバーが迎えにきます。

2.乗る

出発地で合流したら、ドライバーが目的地まで運転してくれます。行き先を伝える必要はありません。

3.降りる

目的地に到着したら**アプリで支払い**。「ありがとう」と言って降車しましょう。

CREW のカスタマージャーニー。降りる時に「ありがとう」と言うことを促進している（Azit のサイトより）

## 目指している原風景は「親同士がお礼をし合っている姿」

実際に地方で「交通の格差」を改善している具体的な展開事例として、2018年8月からスタートしている鹿児島県の与論島での実証実験がある。公共交通機関として住民や観光客の新たな「足」になることが期待されている。与論島のように、高齢者の多い地方の過疎地区、観光地なのに交通機関

ご出発前に

安全のためにかならず
シートベルトの着用をお願いします

☐ シートベルトを締めました

OK

ご出発前に

安全のためにかならず
シートベルトの着用をお願いします

☑ シートベルトを締めました

OK

利用者がシートベルトの着用を自分でチェック。未チェックのままではドライバーはスタートしない（画像提供／Azit）

安全確認なども含めて、操作はスマホ画面で行う

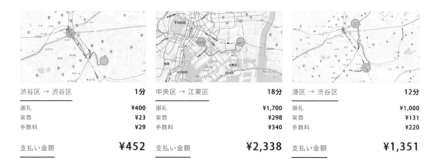

"謝礼"のイメージ。ドライバーが謝礼を強制したり要求したりすることは禁止している。謝礼の有無や具体的な金額設定は任意であり、0円から設定可能だ（Azitのサイトより）

不足の地域などで CREW のプラットフォームへのニーズが高まっている。吉兼さんは「こうした地区には以前から "相乗り" のような文化がありました。例えばちょっとした外出のときに、近所の方が連れていってくれて、親同士でお礼をしている光景がよくありました。私たちは "互助モビリティ" という言葉で表現しています」と言う。

　地方ではまだまだ「"おもてなし" と "ありがとう" の循環」という助け合う気持ちによって地域社会の秩序が成り立っている。CREW の地方への展開は、必然であると考えることができる。実際に「私たちの島には、タクシーが2台しかないので何とかしてほしい」といった手紙も届くとのこと。この実証実験では、問い合わせが与論島側からあり、地元の観光協会や国土交通省などがサポートし実現させている。

　プラットフォームという考え方は、単なる「箱」という考え方に陥りがちだ。CREW の場合は、自治体はもちろん、場合によっては地域のタクシー会社と一緒につくり、保険や安全な体制などの仕組みは官公庁のサポートを得ながら、すべて共創していくと言う。それぞれの箱がカスタマイズされている。なぜならその根底には、過去から存在している "ありがとう" と "どういたしまして" の循環という、温かな地域コミュニティーがあるからだ。その独自のコミュニティーを最も大切にしたいという想いが強くある。

## ピュアなホスピタリティーが生まれる「気持ちと時間帯」

　吉兼さんは「これは CREW の性質によると思いますが、初めて使うまでメリットがよく分からず、言葉で説明しようとしても難しい。単なるシェアサービスではないので、実際に使った人が紹介してくれることがサービスの成長ポイントです」と言う。CREW で良い体験をした人が、その体験を他の人へと連鎖させていくことに重点を置いている。実際に私も体験して、自分の良い体験を友人に伝えている。

CREW のブランドムービーから。与論島を舞台に「"おもてなし"と"ありがとう"の循環」が描かれている

ドライバーのおもてなし力や安心感、フレンドリーさについてドライバーの方と話をすると、もともと自分自身が顧客側で利用していたことや、昔からドライバーという仕事を一度やってみたかったという話を聞く。このように、そもそもドライバー自身がCREWのサービスに共感していることに加え、決して家計を支えるためのドライバー仕事ではなく、自らもCREWに参加して、楽しいドライビング時間という趣味の時間をつくっているだけなのである。ドライバーが楽しい運転をしたいという気持ちが、結果的にピュアなホスピタリティーを生んでいる。

　質の良いホスピタリティーにつながるもう一つの理由は、CREWのサービス利用時間である。2019年時点では午後8時〜午前3時の合計7時間が対象時間。私が初めて利用したときには、午後10時〜午前2時という4時間だけの利用時間だった。現在はドライバーの数が増え利用対象時間が延びているというが、ピュアなホスピタリティーを保つためには、ドライバーが楽しいと思える時間の限界や乗りたい人の気分がオフモードになる時間帯などを考えると、適した利用時間の設定である。

　逆に24時間サービスを前提にしてしまうとサービス品質に無理が生じ、きっと感謝のサイクルが成り立たない。私がCREWで積み重ねた経験は、自分の気持ちがオフモードになっている時間帯だからこそ言える、心からの「ありがとう」という実感が大きい。

## ドライバー自身も「CREW ブランド」の顧客に

　通常であればCREWのドライバーは、サービスを顧客に単に提供するだけの存在と考えるのが普通だ。しかしC2C時代はそれとは違う発想をつくり出す必要がある。CREWのドライバーは、好きな時間に自分の車だけで新しいライフスタイルを得ることができる。自分の空いている時間を有効に

使えて、迎車や目的地へのナビや料金管理など、すべてがスマホだけで完結。万が一の場合でも、CREWが保険サポートや車両の修繕費用を補償し、法令に沿ったサービスの運営を行っている。ドライバーに対してもガソリン代2円／リットルの割引特典を永久付与し、CREWでの運転以外でもガソリン代がいつでも2円／リットル引きになるサービスや自動車整備工場の特別割引なども備わっている。さらにドライバーは、システム利用料を除いた実費と任意の謝礼を受け取ることができる。

つまり、ピュアに運転を楽しみたいドライバーにとってもCREWに参加するメリットがあり、自分らしいおもてなしを行うだけで、車両維持コストの軽減にもつながるサービスなのだ。CREWを利用していると、ドライバーが車好きであることをよく感じる。エクステリアはもちろんインテリアに対しても細かいところにまでそのドライバーのこだわりを感じる。実際、どこのメーカーは乗りやすい、過去にはこんな車種に乗っていたなど、車オーナーの視点で快適性や車の魅力について話を聞くこともできる。乗りたい人も、乗せたい人も対等な関係の中で生まれるサービスは他の移動サービスとは異なるCREWの独自性だ。

## モビリティー問題を解消する"空気清浄機"のような役割

AzitはCREWの提供価値を、「いつでもどこでもだれでも気軽に手に入るスマートなカーライフ」としている。そしてその価値を提供するために、以下の3つの要素を掲げている。1. TECHNOLOGY「移動における需給の最適化」、2. COMMUNITY DESIGN「相互の礼儀と信頼関係」、3. PUBLIC POLICY「公平な利用可能性」だ。

ここで最も特徴的なのは、2番目のCOMMUNITY DESIGN（コミュニティーデザイン）を「相互の礼儀と信頼関係」を位置付けていることだ。乗りたい人の便益だけでもなく、乗せたい人の便益だけでもない。しかも、吉兼

さんのインタビューの中で「ターゲット」という言葉を聞くことはなかった。なぜなら CREW は、日本中のすべての人に対して「ありがとう」を言い合える理想のコミュニティーをデザインしたいと考えているからだ。

　もちろん、企業側が社会課題を解決したいという思いをユーザーに伝えても、ユーザー側がわざわざ選んで乗るとは限らない。顧客が求める基本的な価値は、目的地へ安全に迅速に自分を運んでほしいということだけかもしれない。しかしどんな人でも、車に乗せてもらってそのお礼に「ありがとう」と感謝を伝えるのはとても気持ちの良いことには変わりない。さらに、人からお礼を言われれば「お役に立ててうれしく思います」「自分もあなたから得ることがあったので、そんなに気を遣わないでください」と相手の気持ちの負担を軽くしたくなるものだ。

　こんなふうに、他人同士が思いやり、当たり前の"心持ち"によって社会課題をいつのまにか解消させてしまう。その当たり前に繰り返される"心持ち"をブランドの原風景にしてしまおうと考えているのが CREW ブランドだ。まさに、明確なターゲットの設定でもなく、顧客の認知や理解をどうつくるかという次元でもない、現在のモビリティー問題を解消する"空気清浄機"のような役割を CREW が担っている。

　高尚な企業理念やブランド・ステートメントをつくることが目的ではない。その本質はどうしたら一人ひとりの言動を変化させることができるのか、顧客やそこで働く人の行動をどうやったら少しずつでも変容させることにつながるか、にある。それこそが、ブランド・エクイティにつながる記憶づくりへとなる。

　たくさんの人の気持ちをちょっとずつ動かすことができる"ブランド"ならば、社会全体も少しずつ変化させていくことができるはずだ。CREW の成功事例から学べることは、決して大きなブランド戦略を描くことではな

く、何気ない小さな出来事を繰り返し積み重ね、概括的記憶として人の記憶に残るような時間やサービスを提供していくことだ。CREW のような考え方は、これからの社会に求められるブランドづくりとして重要なアプローチになる。

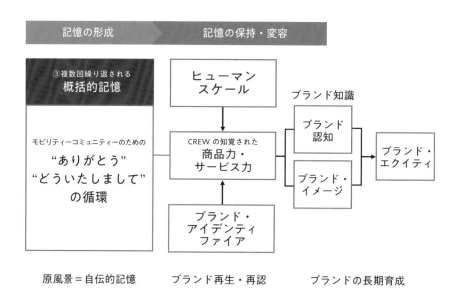

（出所）筆者作成

# カプセルの原風景を変える。カプセルと人間を追求した本当の豊かさ

（写真／丸毛 透）

## 油井 啓祐（ゆい けいすけ）氏

ナインアワーズ代表取締役 Founder

1970年横浜生まれ。関西学院大学商学部を卒業後、ジャフコ入社、IT専門投資チームに所属。99年に亡父が経営していた会社を相続してカプセルホテル業に従事し始める。店舗を改革して業績を回復させる一方で、2005年から新しいカテゴリーの事業開発に取り組む。09年にその1号店となる「ナインアワーズ京都」を出店。13年にナインアワーズを法人設立して店舗展開を本格化。現在はナインアワーズの出店と並行して同業者の再生支援も行っている

「ナインアワーズ赤坂」は、床から天井までをガラスの壁にして、都市と一体化した空間にしている（写真／ナカサアンドパートナーズ）

**細谷**　油井さんは今までのカプセルホテルのイメージを大きく変えました。単なる「寝床」ではなく、カプセルが人間にとっての、いわばミニマムな空間であり、それが都市の中に調和しながら置かれています。デザイナーの柴田文江さんや廣村正彰さん、中村隆秋さん、建築家の平田晃久さんや芦沢啓治さん、成瀬友梨さんと猪熊純さん、長坂常さんの参加により、デザインの面でも他のカプセルホテルと一線を画しています。事業をスタートする際、油井さんにはもともと、どんなイメージがあったのでしょうか。

**油井**　都市の生活における本当の豊かさとは何だろうと、ずっと考えていましたね。一般のホテルやビジネスホテルに比べ、カプセルホテルはワンランク下に見られてきたと思います。でもビジネスホテルの中にも、狭い部屋に

いろいろなものが詰め込まれ、決して豊かな空間とは言えないケースもあります。だから、都市の中で短時間の使用に絞って豊かに過ごせるような、新しいカテゴリーをつくろうと考えたのです。

　背景にあるのは、東京・秋葉原で僕の父が1軒のカプセルホテルを経営していたことでした。突然、亡くなって僕が相続することになりました。来ているお客さまを見ていると、滞在時間はせいぜい10時間ぐらい。家に帰れず、翌朝すぐに出ていく人たちです。そういう状況に応じた、ちょうどいいサービスを提供できれば、都市の生活の中で本当の豊かさにつながるんじゃないかと。それは今も変わらない姿勢です。

　だからカプセルホテルに滞在する時間、すなわち1時間のシャワーと7時間の睡眠、1時間の身支度で合計9時間の"ナインアワーズ"に機能を特化した宿泊サービスを提供することで、豊かさを体験してもらおうとしたのです。ナインアワーズは内部に飲食などの機能を持っていません。それは周囲の都市に同じような機能があるからです。

　装飾をふんだんに使うラグジュアリーなホテルに宿泊することで、豊かさ

ナインアワーズ赤坂の内部（写真／ナカサアンドパートナーズ）

従来のカプセルホテルとは異なる空間が宿泊客を魅了する（写真／ナカサアンドパートナーズ）

を感じる人はいるでしょう。しかし僕が考える豊かさは、それとは反対です。内部の装飾的な部分を徹底的にそぎ落とし、都市ならではの豊かさを追求しています。すなわち、都市と一体化した新しい宿泊の体験こそが、重要になると思っています。

　例えば「ナインアワーズ赤坂」の場合、周囲がすり鉢の底のようになっているため、床から天井までをガラスの壁にすることで、宿泊空間としてのカプセルがあたかも街に投げ出されたようなイメージにしています。「ナインアワーズ浜松町」では、1階を高く設計し、周囲より全体が高くなるようにすることで、新たに設置した屋上テラスから街を広く見渡すことができるようにしています。いずれも今までにない体験になるでしょう。

## 新型コロナに対抗し、「9h ハイジーンプロジェクト」を実施

**細谷**　ナインアワーズ独特の体験が、他社とは全く異なる宿泊空間の豊かさ

「ナインアワーズ浜松町」の外
観。周囲より全体が高くなるように
して新たな屋上体験を生み出す
（写真／ナカサアンドパートナーズ）

ナインアワーズ浜松町から外を見渡した風景は幻想的だ（写真／ナカサアンドパートナーズ）

を感じさせるのでしょう。本当の豊かさとは何かを考えさせられる時代に、いよいよ突入してきました。

**油井** 「9h ハイジーン（包括的な衛生管理）プロジェクト」と呼ぶ新たな試みも始めました。新型コロナウイルス感染拡大の影響で休業していましたが、2020年7月から再開するに当たり、衛生管理を徹底するためです。清掃手順の見直しや消毒の強化に加え、直射日光の1600倍の殺菌効果を持つ紫外線を用いてカプセル内を毎日照射しています。

　新型コロナ対策は4月ぐらいから取り組もうとして、ホテル向けの衛生管理を担当するコンサルティング会社や、横浜に停泊したクルーズ船の感染防止を手掛けた陸上自衛隊にまで問い合わせました。そこでいろいろな意見を聞きながら、僕らなりに同プロジェクトを打ち出したのです。逆に言うと誰も正解を知っている人がいないから、僕らがそこをやれば、カプセルホテルという施設構造を生かした独自の衛生管理が実現できるんじゃないかと思

「ナインアワーズ半蔵門」から「9h ハイジーンプロジェクト」を開始した（写真／ナカサアンドパートナーズ）

い、9h ハイジーンプロジェクトと名前を付けてやり始めたのです。

　僕らはいつも「カプセルユニットを今後どうすべきか」を考えているので、今回の新型コロナによって、かねて実行しようと思っていた衛生管理が、加速できたという認識です。たとえ新型コロナ以前に戻らなくても、9h ハイジーンプロジェクトはカプセルユニットの"バージョンアップ"として有効でしょう。

**細谷**　新型コロナによってソーシャルディスタンスのような個々の距離感を考えるようになりました。私はそれをヒューマンスケール性と言っています。その中で生活空間における個人の快適性はこれから重要視されていくように思います。まさに"空間の豊かさ"を求めてカプセルの可能性を追求しているという姿勢は面白いですね。

**油井**　2020年1月には、新しいカプセルユニットの開発を狙ってラボを設立しました。今までの知見を生かし、さらなる豊かさを考えるためです。その取り組みの一環が、9h ハイジーンプロジェクトに結びつきました。

　紫外線によるカプセルユニット内の照射でも、現在はスタッフが機材を持ち運んでスイッチを押していますが、カプセルユニット内にセンサーや照射システムを配置するなど、自動的に殺菌する仕組みも研究しています。他にも内部の空気自体をオゾンで殺菌するとか、さまざまな工夫を積み重ねていきます。建物に入っただけで誰もが直感的に安心・安全を感じるようにすることが、9h ハイジーンプロジェクトの最終的な目標です。

　僕らの原点というか起点になっているのは、やはりカプセルユニットであり、眠るという行為なんですよ。そこに向けて、あらゆる機能を入れるようにしたい。快適な眠りとは何か、脈拍や血圧、体温など生体情報とどう関連しているのか。実現するにはカプセル内の温度や湿度、空気の流れをどうすればいいか。洞窟でひんやりとした中で眠るのは気持ちが良いけど、暖かい"ひなたぼっこ"の中で眠るのもいい。そのためには、カプセルユニットにどんな機能を実装すべきか。それこそナインアワーズにしかできない点であ

内部や従業員には徹底した衛生管理を実施している（写真／ナカサアンドパートナーズ）

独自の紫外線照射装置でカプセル内を消毒（写真／ナカサアンドパートナーズ）

り、付加価値だと思うんですよね。

## デザインの力で、パッションを情緒性にまで高める

**細谷**　今回、ナインアワーズに取材したいと思った理由は、カプセルユニットに情緒性を感じたからです。機能を追求するだけでなく、最小限の空間の中に豊かさを提供しようと考えています。だから、油井さんも次から次に新しい手だてを打ち出すことができる。そこに気づいた宿泊客やヘビーユーザーの方は、そうしたカプセルユニットという存在に愛着を持っているのではないでしょうか。

**油井**　確かに、最初は別に機能を求めるわけじゃなく、カプセルホテルの事業は僕らのパッションから始まっています。誰に頼まれたわけでもなく、勝算も乏しい中でも、"やりたい"から始めました。9h ハイジーンプロジェクトも、もう後がないという覚悟で進めています。やるんだったら誰よりも優れたことをやってやるという思いだけで、ここまで来ましたね（笑）。ただ、僕らのパッションを単なるパッションに終わらせず、おっしゃるような情緒性にまで高めていただいたのは、デザイナーの柴田さんや廣村さん、建築家の皆さんを含むデザインチームのおかげだと思います。

**細谷**　私はブランドをつくるためには、利便性や操作性など機能の追求だけでなく、感性に響く情緒性が重要だと思っています。ナインアワーズの場合、油井さんはデザイナーたちとコラボレーションしながら、機能と情緒の両輪をうまく融合させているように感じています。

**油井**　ありがとうございます。しかし、そうした部分はなかなか伝えにくいことかもしれません。アメニティとか枕、マットレスなどの素材は、相当な時間をかけて選んでいますし、取引先とも協力して研究開発を進めていますので、僕自身は内心、品質に自信を持っているんですね。しかし販売面では

価格ばかりが比較され、なかなか品質を理解していただけない。サービスをつくるプロセスは僕らが手掛けても、販売は他人の手に委ねてしまっているからかもしれません。僕らがやっていることに共感してくれる人を増やしていきたいので、まだ正しく伝わっていないならば、それは反省すべきことかもしれません。

**細谷** ブランドづくりとは、愛着をつくる作業です。そこにはさまざまな人が関わるので、必ずしもブランドの思いが顧客に直接伝わらないことがあります。といって、広告や宣伝で露出することがブランドづくりの目的ではありません。企業が持っている"良いもの"をどう正確に認識してもらうかが重要です。そういう意味で、ナインアワーズがお客さまに最も提供したい"良いもの"は今後、何になるのでしょうか。

**油井** それは、やはり最適な睡眠環境ですね。カプセルユニットの研究開発を推進している理由もそこにあります。まずは科学的に最適だと断言できるだけのデータを基に、新しいカプセルの在り方を考えていきます。店舗を再開しても今までの延長線上ではなく、新型コロナ時代の新しいステージに自らの意志で転換するという前提で進めています。僕らのカプセルホテルのビジネスは、コモディティーにしようと思えば簡単です。だからこそ、テクノロジーやデザインを活用して、もっともっと本当の豊かさを追求していきます。

**細谷** 最後にご意見を伺いたいのですが、一般的に企業が新しい事業を成長させる過程で売り上げや利益を拡大するために"量"を求めようとすると、"質"としての"豊かさ"が失われて魅力がなくなり、均一化してしまう傾向が見られます。そうした点をどう思いますか。

**油井** ナインアワーズは逆で、店舗数が増えれば増えるほど、いろいろなことにむしろ挑戦できるようになると考えています。例えば水栓金具を柴田さ

んにデザインしてもらい、ナインアワーズオリジナルの水栓金具を作ることも、量が増えればできるようになります。店舗が増えて洗濯工場を僕らで運営して適正な洗剤を使うことができれば、今よりも質のいいタオルを適正な運用コストで提供できるかもしれません。店舗数が増えればクオリティーを、もっと研ぎ澄ますことができる。僕は、そう思っていますけどね。いろいろな方法があるはずです。最初から諦めてしまっては、駄目ですよ。

**細谷** いいお話でした。ありがとうございました。

# 人間が豊かに生きるための9時間

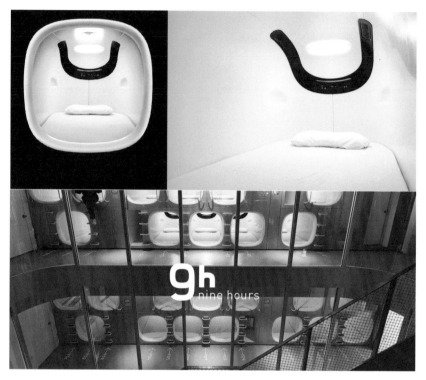

創業時からナインアワーズのクリエイティブディレクションとプロダクトデザインはDESIGN STUDIO S代表の柴田文江氏が担当している。ナインアワーズは現在、睡眠環境の最適化を目指す研究にも取り組むなど、カプセルユニットのバージョンアップを推進中（写真／ナカサアンドパートナーズ）

## 1h（汗を洗い流す）＋7h（眠る）＋1h（身支度）＝9h

　ナインアワーズは、毎日誰でも行う1. 汗を洗い流す、2. 眠る、3. 身支度の3つの基本行動をコンセプトに持つ。ナインアワーズが考えるカプセルは、全体的に落ち着いた雰囲気で、カプセルの中にあるのはコンセントや

USBポートや小物を置く小さな窪みと最小限ながら気が利いている。さらに寝転がった時に見えるカプセルの天井は柔らかな曲線で調節のできる照明は淡く、自分が胎児のような気分になる。そして、その3つの基本行動を時間行動に置き換えると、1h（汗を洗い流す）＋7h（眠る）＋1h（身支度）となるとしている。つまり、それらを合わせて、9h＝ナインアワーズというわけだ。

　24時間の中で考えてみると、8hを仕事、2hを通勤、2hを食事、3hを趣味やテレビやインターネットに費やす時間と考えれば、健康で気持ち良く暮らすために必要な、残りの"9h"に着目したのがナインアワーズである。宿泊施設として、空間的な記憶だけでなく、当たり前になっていた日々の暮らしのルーティンを見つめ直すための概括的な記憶をつくり上げようとしている。単なる宿泊施設ではなく生活機能として位置付け、9hの都市生活にフィットする機能を用意することで、新しい滞在価値を提供している。

　油井さんがナインアワーズで最も大切にしているのは「本当に豊かなものとは何か」という視点だ。　この9hは、私たちの生活の中でも、最も重要な時間だ。もし、この9hを豊かにできれば都市生活の中での人生や暮らし方が、もっと豊かになるのではないかという発想だ。

　「秋葉原で僕の父がカプセルホテルを1軒経営していて、突然亡くなってしまって相続することから始まったんですけど、そこに来ているお客さまたちを見ていると、せいぜい滞在時間って10時間ぐらいしかいなかったんですね。家に帰れなくて翌朝また早く出ていく人たちが使っていたので、そういうミニマムな片泊まりというか、ちょっと隣に泊まるみたいな休息に、そういうものに対してちょうどいいサービスをつくることが都市の生活者の中の本当の豊かさにつながるんじゃないかと、そういうところから考え始めました」（油井さん）

## 必要なこと以外は、街に委ねる

　ナインアワーズを語る上で、もう一つのキーワードとして、"ちょうどいい"という言葉がある。例えば、宿泊をする際、実際はホテル自体には短時間しか滞在していないというケースは多い。それを指して油井さんは、その使い方は"ちょうどよくない"と言う。逆に、9ｈを客観的に見た時、効率的かつ機能的に滞在したいという思いや価値観に対して、ナインアワーズは"ちょうどよさ"を提供したいという考え方なのである。そして、その"ちょうどいい"ことが、その人にとっての本当の豊かさにつながると考えている。ナインアワーズでは、一般的なホテルにあるようなグレード感やステータスのようなヒエラルキーによる贅沢な豊かさは徹底的に排除されている。装飾的なものは一切ない。つまり、"ちょうどよさ"というのは、その人にとって使いやすさみたいなものを指している。顧客のニーズに合った、最高に良い機能性や利便性があれば、それが本当の"豊かさ"につながるということだ。

建築・設計を手掛ける平田晃久氏によるナインアワーズのコンセプトビジュアル
（画像提供／平田晃久建築設計事務所）

「ナインアワーズ半蔵門」。開放的な空間の中にカプセルユニットがある。カプセルが窓の外から
見える景色と共存している（写真／ナカサアンドパートナーズ）

　ナインアワーズのコンセプト写真が実に面白い。人が行き交う渋谷のスクランブル交差点の真ん中に、カプセルユニットが置かれコラージュされている。このようにカプセルは、人間にとって究極的にパーソナルなものであり、極限的にミニマムな空間だと思う。昔、原っぱや公園にあった子供なら誰でも潜りたくなるような土管のように、カプセルもそのようなものに近いかもしれない。ナインアワーズは、9h を豊かにするために、"カプセル"という徹底的に無駄を排除した機能を持つ。都市の雑踏の中に置かれているイメージのように、本当の豊かさとは何かを私たちに強く問いかけている。ナインアワーズのブランドが目指す原風景がこのビジュアルイメージにあると思う。

　「他の機能は街に委ねるということなんですね。だいたいホテルって閉じ

られたスペースの中に機能を完結しようとするんですが、うちはそうじゃなくて街の機能の中で足りてないものを補えばよくて、ご飯を食べに行ったりするのは外で。だから最近、飲料は売るようになったんですけど、最初造ったときはそれもなくて。自販機が外にあるんだからいいのではとか、そういう話だったんですよね。基本的には、そういうものは全部街にすでに存在しているものなので、僕らがそれを二重で持つ意味はないなというふうには思ったんです」（油井さん）

さらに、ナインアワーズは創業当時から、ブレーンとして主に2人のクリエイターが参画している。クリエイティブディレクションとプロダクトデザインを Design Studio S 代表の柴田文江さん、サインとグラフィックデザインを廣村デザイン事務所代表の廣村正彰さんが担い、油井さんとともにタッグを組んでいる。油井さんのパッションを信頼できるブレーンたちが整理していきながら、共に議論を積み重ねてナインアワーズの思想をつくり上げてきたプロセスには、独特のエネルギーを感じた。

## 顧客に徹底的に応える、概括的な体験

ナインアワーズは、その人にとっての"価値"は多種多様であるという視点に立っている。消費者に選択の自由を与えることが必要だということを教えてくれる。例えば、着過ぎてボロボロになってしまったTシャツを捨てずに大切に着ていたり、その時の気分や直感を大切にして物を選ぶ時もある。現在は、BMW に乗って100円ショップに行くという豊かさもあるくらいで、SNS や EC の普及とともに、豊かさを得るための選択肢の幅は格段に広がった。

すべての現代人が、自分なりの基準を持ち、さまざまなモノやコトを編集して、表現している。そして、自分なりに満足できる豊かな暮らしを形作っている。例えば、3万円のスウェットでも、1980円のセーターでも自分なり

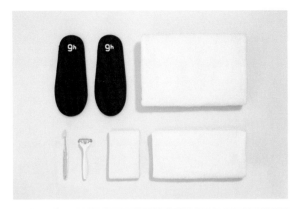

シャンプーやコンディショナー、ボディーソープは
TAMANOHADA（玉の肌石鹸、東京・墨田）がナインアワーズ限
定で復刻生産したもの。こうした一つひとつのアメニティにも気
持ちよさがあり、装飾をそぎ落とし、機能を絞り込んで品質を研
ぎ澄ませている（写真／ナカサアンドパートナーズ）

の基準や考え方があれば、豊かな"価値"である。これからの生活者が、都市空間の中で、豊かであると感じる"価値"とは何かを探し続けているのがナインアワーズだ。それは、単なる狭義の色や形のデザイン的な話ではなく、未来の社会にもつながる、暮らしや人間としてのあるべき姿を長期的視野で考えていることがよく分かる。

　また最も注目したいのが、カプセルだけでなく、空間やアメニティ、案内サイン、コーヒーなど、どの部分を切りとっても、すべての接点で豊かに感じるフィット感や機能性があり、質にこだわって考え抜かれている点だ。その顧客の9hを豊かな暮らしにしたいという思いから、こうした秀逸なタッチポイントづくりが生まれている。それは、私が持っていた負のイメージを払拭してくれた。つまり、ナインアワーズでの9hすべての体験が、カプセルでの概括的な記憶へと塗り替えられていく仕組みになっている。

サインとグラフィックデザインは、廣村デザイン事務所代表の廣村正彰氏が担当。9時間の体験を心地よくさせてくれるデザインだ（写真／ナカサアンドパートナーズ）

東京のスペシャルティーコーヒーをけん引する神保町「GLITCH COFFEE & ROASTERS」が運営するカフェコーナー。産地・農園や品種を吟味し、焙煎・抽出などコーヒーが口に入るまでのすべての工程をコントロール、果実感に満ちた繊細な1杯を提供。宿泊客以外も楽しめる。写真はナインアワーズ赤坂（写真／ナカサアンドパートナーズ）

## 7h の豊かな "睡眠" を提供する

　「今この現時点で、提供価値だと思っているのは、やっぱり最適な睡眠環境じゃないですかね。最終的にお客さまに手渡したいものは、科学的に最適だと断言できる睡眠環境だと思います。最適な睡眠環境を考えるためのバイタルデータの研究でもあるし、カプセルユニットの開発でもある」（油井さん）

　ナインアワーズは、3つの基本行動の中でも、特に7h を占める "睡眠" に重点を置いているという。今、これだけ不確実性の多いことが起きると、生活者にとって寝ることの重要度は創業時よりも注目されてきている。それ

は、現代人が安心して穏やかに寝る場所を探しているとも言える。

　睡眠環境を提供していることに重点が置かれていることはとてもユニークである。睡眠のメカニズムはいまだ解明されていないことが多いという。その原因は睡眠に関するビッグデータがあまり存在していないからだ。油井さんはその課題を解決するために、このカプセルユニットを活用することも考えているという。そうすると、今のナインアワーズは最適な睡眠のためのショールームとなり、現代人にとって快適な睡眠を体験する場所に転換されていくかもしれない。

　睡眠という行為は、私たちが365日、生まれてから死ぬまで毎日行っている基本行動である。しかし、眠るということを改めて基本行動として大切に考えている生活者は少ないだろう。実は人生の大部分の時間を睡眠に費やしている。その睡眠という生活行動に対して、顧客に「気持ち良く眠れた」という新しい概括的な記憶を与え、都市の中で最適な睡眠を考えるブランドとしてのナインアワーズの立ち位置が見えてくる。

　その7hの「気持ち良く眠れた」を支えるために、睡眠の前後にある汗を洗い流す1時間と身支度をする1時間をナインアワーズは大切にしている。だから、汗を洗い流すための品質にこだわったアメニティや枕、身支度をするための気持ちの良い空間や美味しいコーヒーが用意されているのだ。日常の中にある装飾をそぎ落とし、機能を絞り込んで品質を研ぎ澄ませる。そうした、睡眠をより良くする環境を、決して非日常的に用意するのではなく、超日常という形でナインアワーズは"ちょうどよく"内包している。

　昔は一生懸命働いて、小さくても首都圏に30年ローンを組んでマイホームを建てるのが夢とされてきた。しかし、本当の豊かさを見つけようとしている人は、その夢自体を見直している。高いことが"価値"ではないし、人と同じ目標でなくてもいい。都会で満員電車に乗って通勤し、遅くまで働い

て、所得を増やし続けて一生を終えるより、若干所得は減るかもしれないけど環境が豊かな地方に住み、その土地の文化や産業、景色を楽しんで生きていくのも一つの"価値"である。そうした、人それぞれの"価値"や生き方を選択できる"自由"を、宿泊や睡眠においても提案しているのがナインアワーズなのである。

　ナインアワーズは、宿泊だけでなく、リモートワークの疲れを癒やすための数時間の昼寝やランニングステーションとして活用することも促進している。もっと私たちに、豊かな9h に変えたいと思える習慣が生まれれば、ナインアワーズの存在が、豊かな睡眠や健康を実現してくれる9時間の原風景となるだろう。それは、そう遠い未来ではない。

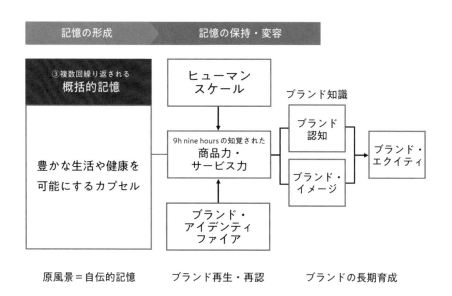

（出所）筆者作成

# 7章

対談　記憶から、未来をつくる

## 対談1　田根剛 × 細谷正人

## 「記憶が、未来への原動力になる」

（写真／丸毛 透）

### 田根 剛（たね つよし）氏

1979年生まれ。Atelier Tsuyoshi Tane Architects 代表。考古学的な
（Archaeological）リサーチと考察を積み重ね、「場所の記憶」から未来をつくる建
築「Archaeology of the Future」を推進。その実現を探求している。撮影場所の
東京・表参道にある「GYRE.FOOD」の空間デザインも田根氏が手掛けた

**細谷** 田根さんが2018年に東京で開催した初の個展「田根 剛｜未来の記憶 Archaeology of the Future」に、私は伺ったことがあります。田根さんの著作も読ませていただきました。考古学的な（Archaeological）リサーチと考察により、「場所の記憶」から未来をつくる建築の考え方を田根さんは「Archaeology of the Future」と呼んでいます。

　私は仕事の中でも「自伝的記憶」がブランドづくりに影響すると考え、研究してきました。例えば、菓子のマドレーヌの香りから、母親がマドレーヌを作ってくれたキッチンや、その風景が見えてくるといった現象です。記憶研究の中にマドレーヌの香りにちなんだ「プルースト現象」という言葉もあります。この本でも、自伝的記憶がブランドの未来をつくっていくと考えています。田根さんの展覧会を拝見した時、まさに人の記憶を可視化していると思い、以前からお話をお聞きしたかったのです。なぜ田根さんは、記憶が未来の原動力になるとお考えなのでしょうか。まずはそこからお聞かせください。

**田根** 単純に言えば、2006年に「エストニア国立博物館」の国際コンペティションに勝ったことがきっかけだったかもしれません。敷地にもともとあった旧ソ連時代の軍用飛行場の滑走路を引き伸ばし、博物館の屋根として設計しました。その時の提案が「Memory Filed」というタイトルだったのですが、当時の自分はまだ若くて何も分からず、建築とは何だろうかと実は模索していたのです。

　それまで建築は新しさを提案しなければいけない、新しさこそが価値であり、未来であると思う一方で、古さを否定し続けていいのだろうかと考えていました。しかし、新しいものをつくっても、すぐに古くなって壊されてしまう。こんなことを続けていても、本当に僕らは豊かになるんだろうかと。

　エストニアの国立博物館のコンペでも、本来は負の遺産であるはずの旧ソ連の存在を無視せず、負の遺産を自分たちの力で未来に変えていくことこそ、エストニアが威信をかけるべき国立博物館の姿ではないか、と僕たちは勝手に与えられた敷地を飛び出して提案したのです。これは個人的な思い込

エストニアの国立博物館は、旧ソ連の軍用飛行場の滑走路を生かした設計にしている
（photo: Propapanda / image courtesy of DGT.）

みでしたが、幸いにもエストニアは、僕たちの提案を自分たちの未来にして
いこうと判断していただきました。過去を受け入れて未来につなげようとす
る考え方は、国として勇気がある決断だと思います。

　その時、建築に対するもやもやしていた自分の想いが、ぱっと開けてきた
ように感じました。場所のあるところには記憶があるのではないか、建築を
守り続けたり、建築を未来に向かって記憶を継承したりしていくことにこ
そ、意義があるんじゃないかと。場所の記憶という価値観なら、新しさに対
抗できる。今までのような新しさだけを追求するものではなく、記憶を紡い
でいくものならば、建築はまだまだ可能性があるんじゃないかと、ぼんやり
と考え始めたのです。その後、記憶を意識するようになり、展覧会の話があ
った時に記憶をテーマにしてやろうと考えたのです。

**細谷**　どうして「記憶」の考え方を整理してみようと考えたのですか。

田根　突然、記憶が未来を生み出すんじゃないかという、かなりめちゃくちゃな考え方が出てきました。考えの整理というよりは、記憶には何かあるとは分かっていても、それが何かが分かりませんでした。そこで思い切った発想として、これは頑張って追求してみようと、展覧会を開催した時も「未来の記憶」というタイトルにしたのです。

細谷　その考え方が確信に変わってきたのは、どんなきっかけがあったのですか。

田根　国立博物館が完成した後ですね。エストニアのプロジェクトは10年をかけました。それまでは僕の思い込みでしかなかったのですが、実際に建築ができあがってみると、未来が動きだしたんです。国立博物館を国の威信として国民が待ち続け、できあがった時に本当に喜んでいただいた。オープニングのセレモニーの時は、国営テレビで6時間の特別番組がありました。

2018年に、初の個展「田根 剛｜未来の記憶 Archaeology of the Future」を東京オペラシティ アートギャラリーと TOTO ギャラリー・間で同時開催した
（写真／ナカサアンドパートナーズ）

さらにその2年後の2018年には、旧帝政ロシアから1918年に独立したエストニアの100年祭として、本来は首都のタリンで行うべきイベントを国立博物館で実施しました。これはとても驚くべきことで、やはり建築は未来をつくるんだ、そのためには新しさではなく、記憶が未来をつくるんだと大きな確信を持ちました。これこそ自分が一生、取り組んでいけるテーマになるのではないかと実感したのです。

## 記憶を掘り下げていく行為は、遺跡の発掘作業に似ている

**細谷** 田根さんは、2014年にはシチズン時計のインスタレーション「LIGHT is TIME」をミラノサローネで発表しました。1918年に創業して2018年に100周年を迎えたシチズン時計を、光と時をコンセプトにして表現しています。15年は「とらや パリ店」の35周年記念の改装も手掛けました。和菓子づくりにも通じる「クラフトマンシップ」をコンセプトにしており、フランスの素材を用いながら和の空間をつくっています。インテリアは丸みを帯びて角がなく、角を立てない、日本の「折り合い」を表していると聞きました。こうしたさまざまなプロジェクトでも、根底には田根さんが考える記憶がテーマになっているように感じます。

**田根** そうですね。記憶を遡って物事を掘り下げていくと、想像しなかったことに出合えたり、考え方ががらりと変わったりします。まるで遺跡の発掘作業のような感覚で、考古学的なアプローチと似ていると思います。プロジェクトの規模とは関係なしに、記憶の発掘には無限の可能性が潜んでいます。

　ただ一つ重要な点は、僕が言っている記憶というのは個人の記憶ではなく、「集合記憶」というか、多くの物事が集合的になったときに見えてくるものを言うんですね。

　シチズン時計のインスタレーションの場合も、時計というものより、時間とは何かという根源的なものを考えるようにしました。時間は、光がなかっ

たら計ることはできないし、光がなければ時間はないのではないかと。永遠のテーマというか、問い掛けを続けることが重要で、そこに本質が生まれてくる。そこでインスタレーションでは時計そのものより、時計を構成する自社製のパーツ（ムーブメントの地板）に光を当てることで、時を表現するようにしました。1個のパーツがずれてしまっても時間は計れません。これまで長年かけて蓄積してきた、しかし表面にはあまり出てこない時計の基盤技術にこそ、シチズン時計のアイデンティティーであり、そこに光を当てたかったのです。

　虎屋も約480年の歴史がある老舗です。「とらや パリ店」は、虎屋の唯一国外にあるお店で、1980年にオープンして以来、同じ場所に40年も続いています。日本を代表する和菓子ということで、リニューアル時には「和」という日本が生み出した文化こそ、虎屋の魅力ではないかと思いました。そこで和の文化をいろいろ調べ、どのように伝えていくかを考えたのです。

2014年にミラノサローネで発表した、シチズン時計のインスタレーション。時計のパーツを使って時を表現している
（photo: Takuji Shimmura / image courtesy of DGT.）

2015年に手掛けた「とらや パリ店」の改装では、和菓子をモチーフに丸みを帯びて角がないデザインにして、角を立てない、日本の「折り合い」を表現
（photo:Takuji Shimmura / image courtesy of DGT.）

「とらや パリ店」内部
（photo: Takuji Shimmura / image courtesy of DGT.）

和菓子は洋菓子とは違い、手でこねて作るため、丸みを帯びています。角が立たず、お互いにぶつかっても、折り合うという和の文化を象徴していると感じました。これこそ、フランス人に伝えるべきではないかと。小麦粉色の漆喰と明るい木目を基調とした内装で、テーブルはフレンチオークを小豆色に染め上げ、寒天をイメージした樹脂でコーティングした「YOKAN TABLE」にした他、インテリアは丸みを帯びるようにしています。角を立てないことで、折り合うということを表現しています。

**細谷**　記憶から方法論を考えてクライアントに伝えるとき、どういったやりとりをしているのでしょうか。

**田根**　僕たちは、考古学のリサーチのように膨大な資料と格闘して、コンセプトをつくっていきます。具体的なクライアントがいる場合にはアンケートのようなこともします。アンケートと言っても非常にシンプルで、例えば自社の魅力は何ですかといった質問です。でも、シンプルな質問だからこそ、出てくる一言から個々の思いが伝わってくるので、面白いんですよ。多くの方に記入してもらうと、キーワードが浮かんでくるのです。それをリサーチの足掛かりとして使うこともあります。クライアントへのプレゼンテーションの時、記憶については説明しませんが、こちらの思いは強く感じてくれるようです。
　シチズン時計のインスタレーションも、僕は自信満々でしたが、想像もつかない空間の提案を聞いて、それをどう判断していいか分からなかったと、後から伝えられました。それでも、やってみようと決断していただいた。しかもシチズン時計の担当ディレクターの方が、これは素晴らしい提案だからとすぐに工場に掛け合うなど、アイデアがどんどんまとまっていきました。

東京オリンピックに向けた新国立競技場のコンペで、田根氏は古墳をモチーフにした「古墳スタジアム」を提案し、ファイナリストとして選出された
（Image：courtesy of DGT.）

## 建築は文化や歴史を語り継ぐ唯一の存在

**細谷**　記憶をテーマに置いたときに、ご自身が今までやってきたことや見てきたこと、感じてきたことなどを踏まえ、自分の存在意義などが見えてきたりしましたか。

**田根**　どうなんですかね。あまり自己分析みたいなことはしていませんが、個人の記憶って絶対に共有できないものです。そして、忘れてしまうこともあるんです。しかし場所や建築は、その記憶を置いていってくれるんですね。優れた建築が数多くあるパリに住んでみて、強く感じます。古い建物を訪れると、本当にたくさんの記憶があります。それらは例えば中世の教会や日本の神社仏閣では、彫刻とかステンドグラスなど、さまざまな建築として残っているのです。建築は文化や歴史を語り継ぐ唯一の存在だと思います。

2020年に開館した、田根氏が手掛けた国内初の美術館となる青森県弘前市の「弘前れんが倉庫美術館」のデザインでは、明治期から残るレンガ倉庫を改修して生かした
（photo: Daici Ano）

だから建築は記憶につながると言えるのです。

**細谷**　建築は人間よりも長く生き続けますからね。それは企業や製品でも同じです。100年とか200年も続くブランドが出てくれば、やはり人間よりも長く生き続けるため、記憶につながる存在になるのでしょう。一方で、最近、スマートシティなどとして企業が新しい都市づくりに乗り出していますが、どう思いますか。新しいイノベーションだけで建築や都市の領域に入り込んでいくケースを見ていて、人類が培ってきた都市と人の記憶や本質を捉えていないというか、表層的な感じがします。

**田根**　都市の魅力は、時間と文化から複合的に生まれてくるところにあると思います。単に経済や事業のためにつくるような都市では、本当の魅力が生まれるのでしょうか。生き生きとした都市にはならないと思いますね。

細谷　そうですよね。新しい技術を使えば新しいものが生み出せるのでは、と単純に考える人が多いと思いました。

田根　以前、脳科学者の方とお話をしたときに、実際の記憶というのは脳の中心部分に関係があるかも知れないという研究があると聞きました。新規性などを考える大脳新皮質の部分は「冷たい脳」で、記憶などの部分は「温かい脳」と言っているとか。面白い表現だなと思います。プルースト現象など自分の根源や原点として浮かぶものは、温かい脳のほうなのでしょう。

細谷　面白い言い方ですね。簡単に言えば記憶には短期記憶と長期記憶があり、短期記憶は見たものを、そのまま受け入れるという表面的な記憶で、長期記憶は何度も繰り返していることや衝撃的なことをエピソード記憶などにして残すのだそうです。それを冷たい、温かいで表現するのは分かりやすい。

田根　その一方で記憶は、人によってはどんどん変わっていきます。脳というのはかなり自由というか、勝手に記憶を変えていくことがありますよね。記憶をどんどん変貌していくというか、最初の話とどんどん変わってくる。もちろん忘れない人もいますが、いずれにせよ記憶したことが、その人の根源になり、原動力になり、その人の未来をつくっていく。記憶はやっぱり面白い。

細谷　数多くある脳の部位の中でも特に記憶に関係しているのが、海馬であることはよく知られています。脳についてはもっと知るべきですね。記憶はやっぱり面白いです。ありがとうございました。すごく楽しかったです。

（写真／丸毛 透）

## 対談2 長谷川踏太 × 細谷正人

# 「デジタル時代だからこそ、人の根源的な部分が問われる」

（写真／丸毛 透）

**長谷川 踏太（はせがわ とうた）氏**

1972年生まれ。英ロイヤル・カレッジ・オブ・アート（RCA）修士課程修了。ソニークリエイティブセンター、ソニー CSL インタラクションラボ勤務後、2000年よりロンドンのクリエイティブ集団 TOMATO に唯一の日本人メンバーとして所属。インターネット広告などの分野でインタラクティブな作品を発表。アーティストとしての作品制作や文筆活動も行う。11年より Wieden+Kennedy Tokyo（ワイデンアンドケネディ トウキョウ）のエグゼクティブ・クリエイティブ・ディレクター。2020年よりギフティ CCO、same gallery 主宰

細谷　私は原風景と言われるものが、ブランドストーリーづくりで重要になると思っています。幼い頃の記憶が、何かを選択する際の判断基準になっているのではと考えてきました。これはアナログ的な感覚ですが、一方で急激にデジタル化が進んでいることも事実です。そのような環境下で、原風景や記憶の重要性をどう捉えていくべきかが私の課題になっています。

　そこでインタラクティブな作品を次々に発表されている長谷川踏太さんに、ご意見をお伺いしたいと思っています。長谷川さんはインターネットやウェブサイトが出始めたときからデジタルの世界に携わってきました。長谷川さんとの出会いは90年代後半にデジタルアート作品で当時、キュレーターだった私とご一緒させていただいた頃に遡ります。今やSNSなどの活用が当たり前になり、いわゆるデジタル・コミュニケーションが増えています。そういう動きを見ている長谷川さんは、デジタル社会におけるコミュニケーションの本質的な部分をどう見ていますか。まずはそこからお聞かせください。

長谷川　アナログでもデジタルでも、コミュニケーションの在り方は基本的に変わらないと考えています。僕は日本にコンピューターが入ってきたときの、たぶんデザイナーとしては最初の頃の世代でしょう。新しいツールとしてプログラミングにも取り組み、デザイン的に面白いものができそうだと思っていました。しかし結局は、それが文章だったり絵だったり映像だったり、媒体は違うだけで表現するものとか人が面白いと思うものってそんなに変わらないと気づきました。デジタルだからと言って、人の感覚はアナログと大きく異なるというわけではないようです。

　もちろん人の行動は変わったかもしれません。新しいツールが出ると、飛びついてしまい新しい行動を取る人たちはたくさんいます。例えばモバイル向けのショートビデオプラットフォーム「TikTok」は世界中に浸透しており、多くの映像が流れているなど大流行しました。しかし、そこにある映像の面白さは不変的なものだったりするじゃないですか。だから、人の感覚といった部分が大きく変わるとは思っていません。

長谷川踏太氏が企画した「盗めるアート展」は、2020年7月9日深夜に東京・荏原の same gallery で開いた展覧会。ギャラリーの作品を来場者が自由に「盗める」というイベントで、大きな話題になった（写真提供／長谷川踏太氏）

　一方、デジタル化によって、企業は顧客データを容易に取得できる時代になったことも事実です。SNS などで、企業は顧客とネットを介して結びつき、ダイレクトにアピールすることができます。そこは大きく発展していますが、顧客も企業のことがよく見るようになりました。だからブランディングが今まで以上に大事になっているのかもしれません。

**細谷**　デジタル関連のブランディングの場合、どうしても技術や機能面に偏りがちだと思います。利便性を向上させることは重要ですが、それだけでブランディングになるのか、顧客から愛着を持って受け入れられるのかと、個人的には疑問に感じています。

**長谷川**　企業と顧客の距離が近くなることで嫌われる理由もいっぱい出てくるでしょう。そこは本当に一長一短というか、全部のケースで必ず良くなるとは限りません。だからこそ、一貫した思想とかブランドの表現がますます重要になってきており、デザインとか企業にとってはやることが増えたんじ

ゃないかな（笑）。

細谷　きちんとできればいいのですが、そうなっていない企業も多いので
は。GAFA（Google、Apple、Facebook、Amazon）のように、グローバル企
業ほど国をまたぎ、組織や事業も縦割り化するので顧客の体験を全部コント
ロールするのは、不可能に近いのではないでしょうか。

長谷川　ただ、企業からすると、今まで店舗に握られていた顧客の情報が全
部自分たちに入ってくるのは魅力があります。そのデータの使い方を、本当
に知っている人がいるのか、ちゃんと準備ができているのかというと、どう
なんでしょうね。
　顧客から見れば、この人が作っているんだとか、作っている人の顔がダイ
レクトに見えるようになり、信頼が生まれて買うという人も出てくる。そう
いう意味で一種のブランディングみたいになっている。

細谷　農家が自らネットで直送する場合は人間臭さを感じます。しかし、
GAFAが相手だと違います。確かにビッグネームで、誰もが知っているブラ
ンドではありますが、ソニーの「ウォークマン」とか「aibo」といったブラ
ンドとはちょっと違うイメージですよね。

長谷川　そうですね。GoogleとかFacebookって、買っている感じではなく、
水道のようなインフラであり、ブランドではないのかもしれません。人を集
めて遊んでもらい、ついでに広告を見せてその収入で回っているということ
だから。それでも日本でのYahooとGoogleを比べると、当初はインターフ
ェースも違っていてイメージも異なっていたと思います。Googleの画面は
「検索窓」だけのシンプルな構成でしたが、Yahooの画面はごちゃごちゃし
ていた。そこに日米の好みというか文化の違いのようなものを感じました
よ。

## 人間臭さを無理に出そうとすると失敗する

**細谷**　長谷川さんはロンドンにも拠点をお持ちなのでお聞きしますが、人間臭さのような部分は、日本だけが求めているものですか。グローバルで通用するイメージなのでしょうか。

**長谷川**　農家が作っているとか、手作りのものとか、もともと英国にはアーツ・アンド・クラフト運動がありましたから、そういうものに対する愛着はあると思います。しかし、ネットの検索エンジンにまで、人間臭さを出さなくてもいいのではないでしょうか。むしろ日本企業の場合、キャラクターとかマスコットを作ることで人間臭さを無理に出そうとして失敗している例があるようです。そうした態度に、嘘っぽさを感じるんですよね。

**細谷**　デジタル時代に突入してみると、むしろ人間臭いほうがいいという人がいて、オンラインの素っ気ないコミュニケーションよりも、やはり会ったほうがいい、温度感みたいなものが欲しいという反動も出てきますが、どう思いますか。

**長谷川**　無理に人間臭さを出そうとすると、人工的な感じがするんですよね。

**細谷**　どうして、そう思うのでしょうか？

**長谷川**　顧客が企業をSNSなどで"監視"している時代ですから、本当に哲学を持って行動しているか、本当に信用できるのか、が常に問われているのだと思います。行動と結果が全部、一致していないと信用できないとなる。きれいな言葉を使うことではなく、行動まで貫いている点が評価されるのです。明るい未来ばかりを掲げている企業はもう一度考え直し、本当は何もできないなら「できない」と言い切ったほうがいい。そうした企業は信頼

できるし、ブランディングもしやすいのではないでしょうか。

**細谷**　ブランディングは決してテクニックや小手先のデザインではつくれない。それこそ、顧客にすぐに見破られてしまいます。もっと遅効的な視点に立つべきだと思いますね。消費のスピードが速いし、ブランディングという言葉が独り歩きしすぎている。短期的に結果を出し、新しいものを常に生み出さないといけない、という考え方では消費のスピードが速いし、ブランディングはできません。むしろ企業が目指す文化に直結する必要があります。

**長谷川**　企業は文化という言葉を使いたがりますが、そんな簡単に文化はつくれませんからね。そういう意味でいうと、ブランディングは難しい。

**細谷**　時代の気分を察知して、予定調和でつくり上げていくということがブランド戦略と思っている人がいますが、それで良いブランドになるのでしょうか。やはり、自分たちの腹の底から湧き上がる意志がないと、嘘っぽく見えますよ。ビッグデータなどさまざまなマーケティングデータを分析するのはいいのですが、それらに捉われ過ぎると何も見えないし、誰にも響かないブランドになるだけです。潜在化された顧客の気持ちまでを考えるべきで、その根底にあるのが記憶の領域ではないでしょうか。簡単にデータ化できる領域ではありません。デジタル化が進展するに従い、顧客のマインドを知ることが本当に問われるのだと思います。

**長谷川**　新型コロナウイルス感染症の拡大でこれからの価値観が、がらっと変わる時代だから、企業も自分を見つめ直すいい機会になるかもしれません。

**細谷**　企業にとって、今までの経験知は通用しなくなっていくでしょうから、ブランドづくりも今までの手法は通じないと思っています。
　今回、"原風景"という言葉をタイトルに入れた理由は、もともと私が大

長谷川氏の作品。スマートフォンの画面に「レコード」を表示させ、音楽を楽しめるようにしたアプリ「3 min timer music for instant noodle (iPhone app) - delawate + 長谷川踏太」（写真提供／長谷川踏太氏）

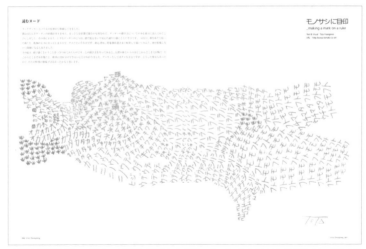

文字や言葉を使い、新しい表現に挑戦した作品。「コトバ／アソビ／デザイン／モノサシに目印：長谷川踏太」、毎日コミュニーション（写真提供／長谷川踏太氏）

学で建築を学んでいた時に江戸の都市史を研究しており、その中で1970年代の書籍である『文学における原風景－原っぱ・洞窟の幻想』に出合ったからです。日本の文学作品の中には、作家一人ひとりの原風景や原体験が必ずあり、その空間を読み手と筆者が共有しながら物語が進んでいくという話が書かれています。同様に製品を開発するにも、製品を購入するにも、原風景や原体験があるのではと思いました。そうした記憶の重要性について、企業はもっと重視すべきではと感じています。

**長谷川**　結局、ブランドも人間がつくるものなので、自発性が出てくる土壌が求められるのでしょう。

**細谷**　ところで長谷川さんは、ご自分の「自伝的な記憶」といえば何を思い出しますか。

**長谷川**　僕は実家が雑貨屋さんだったんです。だからか、父親がものに関してすごくうるさい人でした。例えばブランドものとかは一切、身に着けるなと暗に言ってました。そういうのはかっこが悪いという教育を受けていたので、今でもブランドものは買えません。有名デザイナーがデザインしたものに対し、疑いの目で見てしまうんです。だから多くの人が支持している芸能人も、あえて避けるとか。流行はあまりに気にならない。

**細谷**　お父さまは、どういう言葉やふるまいをして、そういう考え方を長谷川さんに伝えていたのですか。

**長谷川**　うちの父親が扱っていた商品は、デザインされてないものでしたね。オリジナルというか、初期のデザインされてないものを見つけ、それをいいものとして売っていました。中国のコップをいっぱい買ってきておしゃれな感じで売るとか。当時はまだセレクトショップという言葉はなかったと思いますが、今で言えばそうした店でした。
　父親はもともとグラフィックデザイナーでした。僕が生まれて乳母車を買

うときも、日本にはいいデザインのものがないとか言って、中国から藤で編んだ乳母車を買ってきたりとか。そういう経験の積み重ねで雑貨屋を始めることになったらしいです。

　だから本当に変わったものを身に着けていましたね。友達がアニメのキャラクターの靴とか履いていて、いいなと思っていましたが、自分は何か全然違うものを履いていて。今から思えば、とてもおしゃれなんですが、そのときは何でみんなと一緒じゃないんだとずっと感じていました。4歳ぐらいのときでしょうか。それが僕の原風景だったのかもしれません。

**細谷**　なるほど、とても面白いですね。長谷川さんのモノやコトの選び方、価値観が少し見えてきました。（笑）

**長谷川**　自粛ムードで、考える時間が増えてきたため、これからもっといろいろなことが生まれるかもしれませんね。新型コロナの拡大は大変なことだけど、新しい生活様式や新しい価値観がどんどん出てきて、ワクワクしている若い人は多いのでは。不安定なほうが、さまざまなチャンスがある。太平洋戦争後の日本みたいな感じでしょうか。面白いというと不謹慎ですが、今まで考えてもいなかったビジネスの隙間が、これからいっぱい出てくると思います。

**細谷**　確かに隙間ができてきたと思います。新しい時代に向けて、たくさんの希望が見えてきましたね。大変参考になりました。ありがとうございました。

（写真／丸毛 透）

# おわりに　原風景が、ブランドの未来を描く


"原風景" とは言語以前の、表現される以前のイメージである。（奥野健男著『文学における原風景—原っぱ・洞窟の幻想』集英社）


　本書では、まず自伝的記憶がブランドの長期育成に与える影響をインタビュー調査によって検証した。それによって自伝的記憶には、空間的記憶・情緒的記憶・概括的記憶という3つの要素が存在することを確認した。ブランドの記憶保持・変容には、知覚された商品力・サービス力だけではなく、情報探索行動からブランド・アイデンティファイアを探索し、ブランドと消費者の心理的距離が縮まるヒューマンスケールにも影響されることも明らかにした。


　さらに、9つの新しい "原風景" をつくるブランディング事例についても紹介した。すべての事例がかならずしも即効性を求めるものではなく、消費者の視点に立ち、まっとうな活動を遅効的な視点で行っている事例だった。そしてこれらの事例は新しい自伝的記憶を形成するだけでなく、同時に、ブランド・アイデンティファイアとヒューマンスケール、知覚された商品力・サービス力をブランド認知・再生を試みるために、空間、デジタル、商品やサービスなどで新たに展開している。最終的にはインタビュー調査で登場した「じゃがりこ」や「TSUBAKI」「明治アーモンドチョコレート」等のロングセラーブランドのように、消費者の自伝的記憶が生まれることになるだろう。


　さらに、ブランドの長期育成のためには、3つの視点が見えてくる。
　第1に、ブランドの長期育成のためには、自伝的記憶に含まれている空間

的記憶や情緒的記憶を積極的に活用したブランド戦略を行う必要がある。「Ginza Sony Park」「ジンズ」のように消費者の空間的・情緒的記憶を活用するブランド戦略は、ブランド認知や再生を容易に可能とし、ブランドと消費者の関係を密接にする可能性がある。その結果、ブランドの長期育成が行われブランド・エクイティの構築に寄与する。空間・情緒的記憶を把握し、自伝的記憶の傾向性をデータ解析できれば、それを長期的なブランド・コミュニケーションに反映させることができる。

　第2に、ブランドの長期育成のために概括的な個人的記憶を促す施策が必要である。例えば「シュプリーム」や「アニエスベー」の事例に見られたように、ブランドの長期育成は鮮明な1回の個人的な記憶による経験だけでは難しい。ブランドが自分ごと化され、習慣化することで、唯一無二の存在へと変化していく。そして概括的な個人的記憶へと変化させることで、結果的にブランドと自己の距離感が縮まり、そのブランドは消費者にとってなくてはならない存在となる。「CREW」や「9h nine hours」のように新しいモビリティーや睡眠体験のような自伝的記憶をつくり上げるには、定期的な購買や活用を促す施策やサブスクリプション方式などは、ブランドにおける自伝的記憶の醸成という観点で言えば有効なアプローチである。

　第3に、ブランドの記憶保持・変容には、知覚化された製品力・サービス力やブランド・アイデンティファイアだけではなく、生活者が人間的ふるまいによるブランド接点を通して、そのブランドの真意が伝わり、心理的距離が縮まる要素であるヒューマンスケールも必要となる。「たねや」の山野草、「GACHA」のソーシャルグッドな活動などの事例が当てはまるだろう。そのヒューマンスケールは消費者の自伝的記憶と相まってブランド・アイデンティファイアの強さとは異なる無形の象徴性が生まれる。

　さらに、自伝的記憶の探索は今後のデジタル・コミュニケーション時代にも有効である。AI化によって人間の体系的な知識や概念の理解が進んでい

る。一方、自伝的記憶は言語化や数値化による可視化が難しいが、デジタル時代における消費者情報の宝庫である。記憶研究において記憶は時間的な課題が存在するため、消費者の幼少期に遡って情報を数値化することは難しく、正確性にも欠ける。しかしブランドにおける自伝的記憶は空間的記憶や情緒的記憶として消費者の現在に存在する。それらの要素を解明することでブランド認知や再生を促すことは可能である。3章で紹介したBaumgartner, Sujan, and Bettman（1992）が示唆している通り、自伝的記憶が再生されると製品情報の分析や情報記憶が減少する。つまり人間は自伝的記憶が再生されると、ブランドに対する情報探索を省略化する可能性が高いとされている。

　本書のインタビュー調査でも10年以上購入している製品ブランドであるにもかかわらず、対象者が正確な商品名やパッケージデザインを答えることができない事例が多かった。概括的記憶によって認識しており、知覚は実に曖昧であることが分かる。ブランド知識を高めブランド・エクイティを生み出すためにも、空間的記憶・情緒的記憶・概括的記憶という3つの要素を活用して、新しい原風景づくりを行うことは有効である。

　しかし、自伝的記憶によるブランディングには課題もある。
　まずは記憶の信憑性の問題である。自伝的記憶の研究でも大きな課題として取り上げられている。本書の調査でも、特に40代は忘却によって記憶が薄れている様子が見受けられた。記憶は変容し、再構成されている可能性も高い。自伝的記憶は何十年という超長期の記憶であるため、記憶保持のプロセスは複雑かつ未知数である。脳科学研究の項でも触れたように海馬の記憶保持のメカニズムは解明途中である。

　2つ目として自伝的記憶に関するプライバシーの問題がある。特に4章で紹介したインタビュー調査では、すでに筆者と面識のある対象者を選定しこの問題を回避した。つまり、すでにラポール(信頼関係)が形成された状態

でインタビューを行った。対象者と質問者のラポールの度合いが自伝的記憶の想起に影響している可能性は否めない。今後、類似のインタビュー調査を実施する場合にはラポール形成の度合いにも留意して実施する必要がある。

　3つ目として自伝的記憶におけるブランド・カテゴリーの設定にも注意が必要である。本書では製品カテゴリーを絞らず、自伝的記憶がブランドの長期育成に与える影響を考察したが、製品カテゴリーによって自伝的記憶の位置付けが変化する可能性がある。例えばハイテク製品や嗜好品などの自動車や家電製品、服飾、ラグジュアリーブランドなどは異なる可能性がある。テスラやユニクロのように、技術的進化がより強く、自伝的記憶がブランドの長期育成に必要ではない場合もある。消費者の視点に立てば、商品力の革新がブランド知識やブランド・エクイティに直接的につながるからだ。今後は、製品カテゴリーによる自伝的記憶とブランドの関係性をきめ細かく分類することが必要だ。その上で新しい原風景をつくることが必要である。

　4つ目として自伝的記憶の実践的活用はまだハードルが高い。プルースト現象のように嗅覚や味覚などによる五感コミュニケーションは自伝的記憶との親和性があるものの、消費者一人ひとりによって異なる。現状ではデプス調査などで消費者の自伝的記憶を探索するのが現実的だろう。しかし、自伝的記憶を定量化できないとなるとマーケティング戦略としては活用しにくい。定量的な根拠が必要な場合は、消費者の長期にわたる記憶データを活用して、対象者の志向性と自伝的記憶をクラスターごとに分類することでその傾向性は探れるかもしれない。つまり、自社の直面する状況や開発プロセスの文脈に即して市場調査の方法そのものを革新し、顧客自身も認識していない潜在ニーズ情報を、獲得するための創造性と洞察力が必要である（川上2005）。

　最後に、概念モデルをさらに検証することも今後の課題である。本書では日本国内の調査および事例で行ったが、グローバル・ブランドを対象とする

場合には各国の対象者へのインタビュー調査とともに国際比較研究も行う必要がある。国ごとに文化や生活習慣も異なり、当然ブランド構築や自伝的記憶を生じさせる文脈も変化するだろう。

　以上のように課題も多くある。しかし、自伝的記憶を探ることは決してマイナス要素にはならない。なぜなら、自伝的記憶は、自分自身の人生における出来事に関する記憶の総体であり、事実と主観的な真理性を含んだ、空間的・情緒的に特定可能な記憶であるからだ。その記憶の中にあるブランドは、消費者の人生の中で、代替することのできないかけがえのないものであるのだ。

　原風景は過去のものではない。原風景は未来を描くための原動力である。あなたには、ブランドにおける原風景が見えただろうか。

# あとがき

　良いブランドとは何か、私はその真意を考え続けている。時代が変化し消費者の志向が移り変わることで、企業側の"意志"も変革し続けていく。私も、良いブランドとは何かを深く考え、日々さまざまな分野にわたるブランド戦略に携わらせていただいている一人である。そして、どのような課題に直面しても、私の場合、その起点は人の感情や記憶から出発することにしている。

　一方、良いブランドをつくるためには、思想や気質、美意識、深層意識などが、ブランドづくりと密接に関わり合ってゆく。逆に言えば企業側で自己形成されているものが、製品やサービスによって具現化され、ブランドとして表現されてしまう。その前提となる自己形成の土台は、間違いなく企業側の"意志"である。"意志"は、社会的な存在意義を見つめ、社会の中で生き抜く現代人の感情と真正面から向き合えた時に、初めて自らの内面から湧き上がってくるものであると思う。今こそ、私たちの"意志"をブランドの中心に据えて、新しいパラダイムを描くことが求められている。私は、その"意志"をつくるための一助として、人の自己形成要素である原風景に興味を抱くようになった。それが本書の出発点である。

　消費のスピードが速すぎる。そして、即時的な成果を求めすぎている。そしてこの2020年、世界中のすべての人々が強制的に立ち止まらないといけない時間が生まれた。私たちは人間と地球のバランスが崩れ始めていることに直面した。だからこそ、現代社会の中で生き抜く人間の深層心理に迫り、改めて良いブランドとは何かを問い直す必要があるのだと思う。決して、目の前の成果に一喜一憂するのではなく、次世代に向けて自信を持って引き継ぐことができるブランドを築くことが大切だ。人の自伝的記憶を見つめる本

書によって、豊かで幸せな社会へと誘う "意志" が生まれ、未来へつながる "原風景" が創られることを心から願っている。

　終わりに、本書を執筆するにあたり多くの方々にご協力をいただいた。ここに心より深く感謝を申し上げたい。本書の主題である私の研究テーマ「自伝的記憶がブランドの長期育成に与える影響」の修士論文作成時に、大変熱心にご指導いただいた早稲田大学大学院経営管理研究科の川上智子教授には本当に心より深く御礼を申し上げたい。さらに本書でのインタビュー調査にご協力いただいた19名の方々にも感謝申し上げる。

　また2018年より続けてきた日経クロストレンド「C2C時代のブランディングデザイン」の取材に応えてくださった企業の皆さま、本書での巻末対談を快く引き受けてくださった田根剛さん、長谷川踏太さんには感謝したい。そして、2018年からの連載の立ち上げに携わり、本書の企画、編集を手掛けてくださった日経BPの大山繁樹さん、花澤祐二さんにも感謝申し上げる。また私事ではあるが、本書を作成するにあたって全面的に支えてくれたバニスターのスタッフにも心から御礼を伝えたい。

2020年11月　　　　　　　　　　　　　　　　　　　　　　　　　　細谷正人

# 引用文献

Aaker, David A. (1991), *"Managing Brand Equity,"* The Free Press.

Aaker, David A. (1996), *"Building Strong Brands,"* The Free Press, 陶山計介・小林哲・梅本春夫・石垣智徳訳 (1997)『ブランド優位の戦略：顧客を創造する BI の開発と実践』ダイヤモンド社。

Aaker, David A. and Kevin Lane Keller (1990), "Consumer Evaluations of Brand Extensions," *Journal of Marketing,* 54 (January*)*, pp.27-41.

Aaker, David A. and Joachimsthaler, E.（2000）, "Brand Leadership," The Free Press, 阿久津聡訳 (2000)『ブランド・リーダーシップ－「見えない企業資産」の構築』ダイヤモンド社。

Aaker, David A.（2018）, "Creating Signature Stories," Morgan James Publishing,
阿久津聡訳 (2019)『ストーリーで伝えるブランド－シグネチャーストーリーが人々を惹きつける』ダイヤモンド社。

Allen, C. T., S. Fournier, and F. Miller (2008), "Brands and Their Meaning Makers," in C. P. Haugtvet, P. M. Herr, and F. R. Kardes (eds.), Handbook of Consumer Psychology, Lawrence Erlbaum Associates, pp.781-822.

Anderson, John R. (1983), "The Architecture of Cognition, Cambridge, MA," Harvard University Press.

青木幸弘（1994）「ブランド・エクイティ研究の現状と課題」『流通情報』1994年11月号 , pp4-10。

青木幸弘 (1998)「ロングセラー・ブランド化の条件と課題」『学習院大学経済経営研究所年報』12, pp.1-21。

青木幸弘・電通ブランドプロジェクトチーム (1999)『ブランド・ビルディングの時代』電通。

青木幸弘 (2006)「ブランド構築と価値のデザイン」『青山マネジメントレビュー』第9巻 , pp.6-35。

青木幸弘 (2011)「ブランド研究における近年の展開：価値と関係性の問題を中心に」『商学論究』58(4), pp.43-68。

芦原義信（1979）『街並みの美学』岩波書店。

Baumgartner, H., Sujan, M., and Bettman, J. R. (1992), "Autobiographical memories, affect, and consumer information processing," *Journal of Consumer Psychology, 1(1)* , pp.53-82.

Bowlby, J.（1968）, *"Attachment and Loss,"* vol.1: Attachment, Basic Books.

Bowlby, J.（1973）, *"Attachment and Loss,"* vol.2: Separation: Anxiety and Anger, Basic

Books.

Brewer, W.F. and Pani,J.R(1982), "Personal memory? generic memory,: and skill " : An empirical study. Paper presented at the 23$^{rd}$ annual meeting of the Psychonomic Society, Minneapolis,Mn. Advances in research and theory(Vol.17, pp.1-38). New York:Academic Press

Brewer, W.F. (1986), "What is autobiographical memory?," Rubin,D.C (ed.), *Autobiographical memory*, Cambridge University Press, pp.25-49.

Cohen, G. (1989), "Memory in the real world," 1$^{st}$ edn. Hillsdale, NJ:Erlbaum, (川口潤他訳 (1992)『日常記憶の心理学』サイエンス社。

Edward Twitchell Hall, Jr. (1966), "*The Hidden Dimension,*" New York, 日高敏隆・佐藤信行訳 (1970)『かくれた次元』みすず書房。

Fournier, S. (1994), "A Consumer-Brand Relationship Framework for Strategic Brand Management," University of Florida, PhD. thesis.

Fournier, S. (1998), "Consumer and Their Brands: Developing Relationship Theory in Consumer Research," Journal of Consumer Research, vol.24 (March), pp.343-373.

Franklin, H. C. and Holding, D. H. (1977), "Personal memories at different ages," *Quartely Journal of Experimental Psychology*, 29, pp.527-532.

Goldberg, S. (2000),"Attachment and Development," Edward Arnold.

細谷正人 (2014)『Brand STORY Design ブランドストーリーの創り方』日経 BP。

Jansari, A. and Parkin, A. J. (1996), "Things that go bump in your life: Explaining the reminiscence bump in autobiographical memory," *Psychology & Aging*, 11, pp.85-91.

川上智子 (2005)『顧客志向の新製品開発：マーケティングと技術のインタフェイス』有斐閣。

Keller, K. L. (1993), "Conceptualizing, Measuring, and Managing Customer-Based Brand Equity, "*Marketing Science Institute*, pp.91-123.

Keller, Kevin Lane. (1998), "Strategic Brand Management," 1$^{st}$ ed, Prentice-Hall, 恩蔵直人 . 亀井昭宏訳 (2000)『戦略的ブランド・マネジメント』東急エージェンシー。

Keller, Kevin Lane, (2002). "Branding and Brand Equity," in B. Weitz and R. Wensley (eds.), *Handbook of Marketing*, Sage Publications, pp.151.178.

Keller, Kevin Lane. (2003), "Strategic Brand Management and Best Practice in Branding Cases," 2$^{nd}$ ed, Prentice-Hall, 恩蔵直人研究室訳 (2003)『ケラーの戦略的ブランディング』東急エージェンシー。

Keller, Kevin Lane, Lehmann, Donald R. (2009), "Assessing long-term brand potential," *Journal of Brand Management*. 17(1) , pp.6-17。

Keller, Kevin, Lane. (1993), "Conceptualizing, Measuring, and Managing Customer-Based

Brand Equity," *Journal of Marketing,* 57 (January), pp.1-22.

Linton, M. (1986), "Ways of searching and the contents of memory," in Rubin, D.C. (ed.) *Autobiographical Memory,* Cambridge, Cambridge University Press.

槇文彦・真壁智治 (2019)『アナザーユートピア「オープンスペース」から都市を考える』NTT 出版。

槇洋一 (2008)「ライフスパンを通じた自伝的記憶の分布」『自伝的記憶の心理学』北大路書房。

守口剛・竹村和久・白井美由理・新倉貴士・丸岡吉人 (2012)『消費者行動論　購買心理からニューロマーケティングまで』八千代出版。

森田健一（2008）「主観的体験から捉えたプルースト現象」『日本味と匂学会誌』15, pp.53-60。

Marcel Proust（1987), *"A la Recherche du temps perdu,* Pléiade," Gallimard, 鈴木道彦訳 (1996)『失われた時を求めて』集英社。

Neisser, U. (1982), "Memory Observed *:Remembering in natural contexts,"* San Francisco: WH Freeman and Campany, 宮田達彦訳（1988）『観察された記憶：自然文脈での想起 < 上 >』誠信書房。

Nigro, G. and Neisser,U.（1983), "Point of view inpersonal memories," *Cognitive Psychology,* 15, pp.467-482.

奥野健男 (1972)『文学における原風景』集英社。

Park, C. W., MacInnis, D.J., and Priester, J. R.,（2006), "Brand Attachment: Constructs,-Consequences, and Causes," *in Foundations and Trends in Marketing,* vol.1（3),pp.191-230.

Park, C. W., MacInnis, D. J., and Priester, J. R.（2009), "Research Directions on Strong Brand Relationships," in *Handbook of Brand Relationships,* ed. Deborah J. MacInnis, C. Whan Park and Joseph R. Priester, Society for Consumer Psychololy, pp.379-393.

理化学研究所・同志社大学（2017)「出来事順序を記憶する仕組の発見―過去・現在・将来の出来事は海馬で圧縮表現される―」理化学研究所研究成果プレスリリース。

理化学研究所（2017)「海馬から大脳皮質への記憶の転送の新しい仕組みの発見―記憶痕跡（エングラム）がサイレントからアクティブな状態またはその逆に移行することが重要―」理化学研究所研究成果プレスリリース

Rubin, D. C. Weyzler, S. E., and Nebes, R. D. (1986), "Auto biographical memories across the lifespan," In D.C. Rubin (ed.), *Autobiographical memory,* New York：Cambridge University Press, pp.202-221.

Rubin, D. C. and Schulkind, M. D. (1997),"Distribution of important and word-cued autobiographical memories in 20-, 35-, and 70-year-old adults," *Psychology & Aging,* 12, pp.524-535.

Rubin, D. C. and Berntsen, D. (2003), "Life Scripts help to maintain autobiographical memories of highly positive, but not highly negative, events," *Memory & Cognition,* 31, pp.1-14.

佐藤浩一 (2008)『自伝的記憶の構造と機能』風間書房。

佐藤浩一・越智啓太・下島裕美編著 (2008)『自伝的記憶の心理学』北大路書房。

Schrauf, R.W. and Rubin, D. C. (1998), "Bilingual autobiographical memory in older adult immigrants: A test of cognitive explanations of the reminiscence bump and the linguistic encoding of memories," *Journal of Memory and Language,* 39(3), pp.437–457.

Schmitt, B. H. (1999), "Experiential Marketing : How to Get Customers to Sense, Feel, Think, Act, Relate," The Free Press, (嶋村和恵・広瀬盛一訳 (2000)『経験価値マーケティング：消費者が「何か」を感じるプラスαの魅力』ダイヤモンド社。

Schmitt, B. H. and A. Simonson (1997), "Marketing Aesthetics", Prentice Hall, 河野龍太訳 (1998)『「エスセティクス」のマーケティング戦略』トッパン・プレンティスホール。

Sujan, Mita., James R. Bettman, and Hans Baumgartner (1993), "Influencing Consumer Judgments Using Autobiographical Memories: A Self-Referencing Perspective," *Journal of Marketing Research,* 30(4), pp.422-436.

田中洋（1993）「ブランド・エクイティ研究の展開」『季刊マーケティング・ジャーナル』51号 , pp-92。

田中洋 (2015)『消費者行動論』中央経済社。

田中洋 (2017)『ブランド戦略論』有斐閣。

Tulving, E. (1983), "Elements of episodic memory." New York：Oxford University Press, 太田信夫訳 (1985)『タルウィングの記憶理論 - エピソード記憶の要素』教育出版。

帝国データバンク 企業概要データベース (2019)「COSMOS2」。

山本晃輔 (2010)「自伝的記憶の観点から捉えたプルースト現象に関する研究の展望」『Aroma Research』11, pp.6-9。

Wagenaar, W. A. (1986), "My Memory A Study of Autobiographical Memory over Six Years," *Cognitive Psychology,* 18, pp.225-252.

WIRED 編著（2019）「ナラティヴと実装—2020年代の実装論」『WIRED VOL.34』コンデナスト・ジャパン。

## 著者

細谷正人（ほそやまさと）
バニスター株式会社 代表取締役 / ディレクター

　企業ブランドから商品・事業ブランドまで、国内外におけるブランド戦略および独自の消費行動分析、デザイン戦略、ネーミング開発、コミュニケーション戦略、社内へのブランド啓発活動等、包括的な視点でブランド立案とビジネスを両輪で導く。主要な実績には、P&G、オムロンヘルスケア、味の素、大塚製薬、オリエンタルランド、楽天、森永乳業、ヤマハ、宝酒造、ワコール、明治、ダノンウォーターズ、キリンビール、アップリカ、セゾン情報システムズ、日本製紙、よつ葉乳業、朝日酒造、JT、クラシエ、星野リゾート、富士ゼロックス、日産自動車、中央軒煎餅など、幅広い業界でプロジェクトを行っている。

　1976年生まれ。法政大学工学部建築学科卒業。早稲田大学大学院経営管理研究科修了。著書には『Brand STORY Design ブランドストーリーの創り方』（日経BP）があり、同書は2019年に韓国語版として翻訳もされている。
hosoya@bannistar.com

## バニスターについて

　バニスター株式会社は、2008年に日本で設立された、人への深い洞察からブランドの真の価値を引き出す、ブランド戦略の専門会社である。ブランディング専門会社は主に欧米系が多く、バニスターは日本の企業風土を熟知した企業・製品ブランドのブランディング専門会社として誕生した。

　Find New Paradigm in You（新しいパラダイムは生活者とあなたの中に存在する）を創業時からの理念とし、ブランド構築におけるリサーチ／戦略／デザイン／啓発の組み合わせで、クライアントとの長期にわたるパートナーシップを結び、ブランドによるビジネス成長のためのサービスを提供している。
http://www.bannistar.com

# ブランドストーリーは原風景からつくる

2020年11月24日　第1版第1刷発行

| | |
|---|---|
| 著　者 | 細谷 正人 |
| 発行者 | 杉本 昭彦 |
| 編　集 | 日経デザイン（大山繁樹） |
| 発　行 | 日経BP |
| 発　売 | 日経BPマーケティング |
| | 〒105-8308　東京都港区虎ノ門4-3-12 |
| | https://www.nikkeibp.co.jp/books/ |
| 装　丁 | 山崎ちなつ・内田良子（バニスター） |
| 制　作 | アーティザンカンパニー |
| 印刷・製本 | 大日本印刷株式会社 |

ISBN978-4-296-10799-5  Printed in Japan
© Masato Hosoya 2020

本書の無断複写・複製（コピー等）は著作権法上の例外を除き、禁じられています。購入者以外の第三者による電子データ化及び電子書籍化は、私的使用も含め一切認められておりません。本書に関するお問い合わせ、ご連絡は下記にて承ります。
https://nkbp.jp/booksQA